Happiness Veggy

　作る人も食べる人も、幸せで笑顔になれるレシピ本。

　お砂糖、小麦、動物性食品を一切使わず、日々不足しがちな野菜や果物、栄養価の高い食材を使った健康にいいレシピです。

　この本ではお肉や卵にみえるお料理、スイーツのすべてを植物性食品のみで作っています。なんだか不思議で楽しくなります。

　真っ白なお砂糖がたっぷり入ったスイーツは身体を冷やしてしまったり、小麦、卵、バターは食べ過ぎると胃腸が重くなってしまい、なんだか罪悪感が残ることも…。それにレトルトや冷凍食品、化学調味料が入ったお料理は、心をあたためてくれるお料理とは言えないような気がします。

　せっかくなら身体に優しくて、美しくしてくれるあたたかいお料理を作りたいものです。

　食欲をみたすためだけではなく、ずっと笑顔でいてほしいと心を込めて作るお料理は、大切な人を想う気持ち、ラブレターなんだと思うのです。

　そばにいる大切なお友達やご家族、ダイエットでお砂糖を控えている人、健康、美肌、アンチエイジングのためにお野菜をとりたい人、そしてアレルギーがあって、小麦、卵、乳製品が食べられない人にぜひ作ってあげてください。愛の詰まったラブレターを。

　そして、レシピに寄り添うように絵本をそえました。

　私にとって絵本はただそばにあるだけで、今でも勇気と癒やしをくれます。それはたくさんの笑顔をくれる大切な人、楽しい食事の時間と同じ存在です。心をみたす幸せは、大切な人とすごす時。そんな時間を絵本にしました。

　時々ひとやすみ、夢みた絵本の世界に迷い込めるように。

Contents

Happiness Veggy
Spring
7

Happiness Veggy
Summer
23

3 まえがき
　Happiness Veggy

6 本書について
　料理を始める前に

42 サイダー
　♥スイカサイダー
　りんご（ビール）サイダー

60 手作り調味料

76 お菓子の家型紙

103 からだを元気にしてくれる
　おいしい調味料と食材

104 良質なたん白質は植物から
　スーパーフードについて
　♥ウォーターソテー＆
　ウォータースチーム
　♥だしのとり方

105 リビングフードに
　あると便利な機器
　おすすめ食材

109 食材についての問い合わせ先

110 あとがき
　Love Letter for you

10 ひなまつり
12 桜色すしケーキ
14 ♥ブーケサラダ
　マンゴードレッシング
　三色豆腐 ひし餅風
　梅とろろスープ
15 いちごのとろぷりん
　玄米アイス 桜ジュレ

18 春のお弁当
19 オムライス風ごはん
20 大豆ミートボール
　ポテトサラダ
21 キノコのエビフライ
　たけのこのフリッター
　♥いちごと梅の
　ドレッシングサラダ
22 新玉ねぎとアスパラガス
　のスープ
　甘酒の桜タルト

26 七夕
28 ♥天の川そうめん
30 ♥いちじくドレッシングサラダ
　♥生春巻き スイカのチリソース
31 ♥アサイータルト

34 バーベキュー
36 ♥バーベキュー
38 ♥タコスプレート
39 ♥すいかスープ
40 ♥8種類のジェラート
41 ♥生メロンソーダ

Happiness Veggy Autumn
43

46 ハロウィン
48 かぼちゃカレー
50 ハロウィンクッキー
51 かぼちゃカスタードアップルパイ

54 秋のお弁当
55 もっちり栗ごはん
56 ♥ごぼうのサラダ柿ドレッシング
　　♥かぶのゆず昆布漬け
57 長いもソテー
　　れんこんしそ揚げ
　　根菜ボール
58 里いものきのこあんかけ
　　きのことおいものスープ
59 スイートりんごポテト
　　木の実とおいものタルト

Happiness Veggy Winter
61

64 クリスマス
66 ハンバーグ風ドリア
68 塩こうじチーズ3種盛り
69 ♥パセリと塩こうじ
　　ドレッシングサラダ
　　ビーツのスープ
70 揚げ物盛り合わせ
71 X'masケーキ

74 お菓子の家

80 バレンタイン
82 大きなケークサレ
84 ローストポテト
　　♥カリフラワーと山いも
　　ドレッシングサラダ
85 根菜トマトのマカスープ

88 ♥雪の結晶アイス

92 ♥お菓子のブーケ

Happiness Veggy Brunch
95

95 ブランチ
96 ♥スーパーフード スムージー
97 グラノーラ
98 マフィン
99 パンケーキ
100 カップケーキ
101 ミルフィーユ
102 ベジパテバーガー＆
　　テンペのテリヤキバーガー

♥はリビングフード

本書について

　当書のレシピは、小麦、卵、乳製品、お肉、お魚、白砂糖不使用、マクロビオティック、リビングフードを基本にすべて、植物性の素材のみを使ったレシピです。ビタミン・ミネラル・食物繊維が豊富な野菜・フルーツ、ナッツが主役です。

　「夏」のメニュー、ドレッシング、スイーツなどで「ローリビングフード (Raw Living Foods)」を採り入れています。ローリビングフードは、「(酵素が)生きている食べもの」のこと。そのため、動物性のものは摂りません。ローリビングフードでは加熱調理する場合、48℃以下で行います。酵素は熱に弱く、48℃以上で加熱すると壊れてしまうからです。

　食物から生きた酵素を摂り入れることで消化がスムーズになり、代謝を活発にし免疫力を強化するといわれています。それが疲労や病気の予防と回復、便秘解消や肌のターンオーバーを促し、美肌、デトックス、ダイエット効果も期待できます。

料理を始める前に

◆ この本に使用している計量カップは、
1カップ＝200cc
スプーンは、大さじ1＝15cc、小さじ＝5ccです。

◆ 生のナッツ類や種子類には酵素抑制物質が含まれるため、全て一晩水に浸け、流水で洗って使います。そうすることで生命力と栄養素がぐんと増し、消化、吸収されやすくなります。

※ただし、松の実は浸水させなくてもOK。※ナッツの分量は全て浸水前。

◆ 野菜、果物、調味料、米粉は種類によって必要な水分量や塩味、甘みが若干異なりますので、状態を見ながらちょうどよいかたさになるよう水分量の下限、味をみながら塩味、甘みを調整してください。

◆ この本のレシピは必ずしも全てが食物アレルギーに対応したものではありません。アレルギーを引き起こしやすいとされる、大豆製品、ナッツ、山いもなどを使ったレシピも含まれていますので、レシピを参考に、ご自身の体質に合った食材の選択をして下さい。

※一般にしょうゆ、みそ、ソース、ベーキングパウダーなど小麦粉を使用されているものが多くあります。アレルギーの方は注意しましょう。

◆ レシピには、なじみのない食材に☆マーク、栄養たっぷりのスーパーフードに★マークをつけています。(おすすめ食材P105～109参照)

◆ 器具にはブレンダー、ディハイドレーターといった調理器具を多用しています。とくにリビングフードの調理には便利です(器具P105参照)。

Happiness Veggy

Spring

きょうは ひな祭りです。
ママは 春のお料理を つくります。
ちいさな おんなの子は
しらないことが いっぱい。
いちごが あかくて あまずっぱいこと…。
目を まるまるさせて たべています。

「ママは いつまで
　わたしの　ママなのぅ?」
　　「ずーっとよ」

Happiness Veggy
Spring

桜色すしケーキ
ブーケサラダ マンゴードレッシング
三色豆腐 ひし餅風
梅とろろスープ
いちごのとろぷりん
玄米アイス 桜ジュレ

ひなまつり

春の訪れはワクワクするもの。
春の色や香りに笑顔をもらい、料理を作れるのもたのしい時間。
テーブルの上に春をいっぱい咲かせます。

桜色すしケーキ

春色の紅芯だいこんは、ごはんもれんこんも桜色に染めてくれます。
お花畑をつくるように色鮮やかな野菜たちで春色を散りばめて。

材料 〔12cmケーキ型1台〕

玄米……1.5合
少しかために炊く（すし酢の水分が足されるため）

すし酢
A ┃ 梅酢……大さじ4
　 ┃ てんさい糖☆……大さじ3

れんこん……細5cm
飾り用に5〜8枚スライスし、残りをみじん切りにする

紅芯だいこん……中細5cm
飾り用に5〜8枚スライスしてサクラ型で抜き、残りをみじん切りにする

B
アボカド……1/2個　5mm角切り
黄色パプリカ……1/2個　スライス
レタス……2〜3枚　食べやすい大きさ
赤玉ねぎ……1/4個　スライス
豆腐チーズ……1/4丁　5mm角切り　※P68参照
豆腐マヨネーズ……適量　※P60参照

作り方

1. すし酢を作る
Aと全てのれんこんを火にかけ、弱火で5分ほど煮る。れんこんに火が通ったら、全ての紅芯だいこんを入れて火を止める。冷ましながられんこんに紅芯だいこんのピンク色を移す。※れんこんとだいこんから水気が出てくる。

2. すし飯を作る
1の飾り用にスライスしたれんこんと紅芯だいこんを取り出し、残りの1を水分を加減しながら少しずつ玄米ごはんに混ぜる。※同じれんこんやだいこんでも水分量や甘みが違うので注意。水分が多いと感じるときは、味が薄くなっているので味見をして梅酢をプラスする。

3. ケーキ型にする
型にラップをして2のすし飯1/2量を詰め、豆腐マヨネーズを敷いてBの材料の半分くらいを並べる。その上に残りのすし飯を詰めて残りのBの材料と、飾り用にスライスしたれんこんと紅芯だいこんでデコレーションする。

ブーケサラダ マンゴードレッシング

材料 {4〜5人分}

白アスパラガス……6本
アスパラガス……6本
スナップエンドウ……6個
ケール……10枚
ラディッシュ……6個 スライス
ディル……2本
エディブルフラワー……4〜5本

マンゴードレッシング
マンゴー……大1個 皮・種を除く
白みそ……大さじ1
オリーブオイル……1/2カップ
シナモン……お好みで

作り方
1. ドレッシングは全てミキサーでペースト状にする。
2. 白アスパラガス、アスパラガス、スナップエンドウ、ケールは塩ゆでした後に冷水にさらして色止めして、一口大にカットする。
3. 器に盛って合わせたドレッシングをかけ、ラディッシュ、ディル、エディブルフラワーを飾る。

三色豆腐 ひし餅風

材料 {6cm型4個分}

絹豆腐……約2丁（600g）かためのもの
梅干……2〜3個
しそ漬の赤みの強いものがおすすめ
よもぎ粉……小さじ2
粉寒天……小さじ2
桜の塩漬け……4個 塩抜きする

作り方
1. 豆腐を3等分し、a絹豆腐＋梅干、b絹豆腐のみ、c絹豆腐＋よもぎ粉に分けて、それぞれをミキサーでペースト状にする。
2. 粉寒天は水1/2カップと混ぜて火にかけ、沸騰させてよく溶かす。
3. 2を3種類の豆腐ペーストに大さじ2ずつ混ぜ入れ、冷めて固まらない間に手早く一色ずつ型に流して冷やし固める。
4. 型を取って桜の塩漬けを飾る。

梅とろろスープ

材料 {1人分}

梅干し……小1個 軽くつぶす
とろろ昆布……小さじ1
しょうゆ……小さじ1
菊……適量 （さっと塩ゆで）ねぎなどでも可

作り方
全ての材料を器に入れ、お湯を250ccほど注ぐ。

いちごのとろぷりん

材料 {4〜5人分}
プリン生地
　ココナッツクリーム★……1カップ
　甘酒★……1カップ
　粒があるものはこすか、ミキサーでなめらかにする
　粉寒天……小さじ1/2
　葛粉☆……小さじ1
　塩……少々

いちごソース
A｜いちご……13個
　｜豆乳……大さじ1強

作り方
1. プリンを作る　①葛粉は水小さじ2で溶く。葛粉以外のプリン生地を鍋に入れてよく混ぜ沸騰させる。水溶きの葛粉を加えてさらに煮立たせながらよく混ぜる。②あら熱がとれたら型に入れ、冷蔵庫で冷やし固める。
2. いちごソースを作る　①Aをミキサーでペーストにして1に注ぐ。

玄米アイス 桜ジュレ

材料 {4〜5人分}
　｜甘酒（玄米）★……1カップ
　｜木綿豆腐……1/2丁
A｜てんさい糖☆……1/4カップ〜（お好みで）
　｜ココナッツミルク★……1カップ

桜ジュレ
　｜てんさい糖☆……大さじ2
B｜水……大さじ5
　｜粉寒天……小さじ1/2弱
　｜桜塩漬け……小さじ1/2　塩抜きして刻む

作り方
1. 玄米アイスを作る　①Aをブレンダーでなめらかにする（粒が少し残っていてもおいしい）。②①を容器に移し、ときどき混ぜながら（約30分ごとに取り出し、よくかき混ぜる作業を2〜3回繰り返す）冷凍する。又はアイスクリーマーに入れる。
2. 桜ジュレを作る　①Bを鍋に入れて沸騰させ、容器に移して冷蔵庫で冷やし固める。玄米アイスを器に盛って、桜ジュレをかける。

おさない二人(ふたり)は　なかよしです。
のんびりほのぼの
ママがつくってくれた　お弁当(べんとう)をたべて
春風(はるかぜ)のなか…　笑顔(えがお)があふれます。

「もっと ずーっと 大きくなっても」
「ずーっと お花見しようね」

春のお弁当

咲き始めた桜を見ると、春空の下でごはんを食べたくなります。
みんなの大好きなメニューを植物性食品のみで作ってみましょう。
不思議でたのしいお弁当。きっと笑顔も満開に。

オムライス風ごはん

卵に見えて本当はかぼちゃ。
おいしくて、たのしい。
やさしい甘みのものまねオムライスです。

材料 {4〜5人分}

オムレツ生地 4〜5枚分
- かぼちゃ…100g
  蒸してマッシュし、ペーストにしたもの
- 長いも……100g
  すりおろす
- 豆乳……100g
- 片栗粉……50g
- オリーブオイル……大さじ2
- 塩・こしょう……少々

ケチャップライス
- A
  - 玉ねぎ……1/2個　みじん切り
  - にんじん……1/2個　みじん切り
  - ピーマン……1/2個　みじん切り
  - エリンギ……1本　　みじん切り
- 玄米ごはん……2膳(400g位)
- ケチャップ……大さじ5〜7
- 塩・こしょう……少々
- オリーブオイル……適量

作り方

1. オムレツを作る

① オムレツの材料を混ぜ、クレープくらいのとろみの生地を作る。※かぼちゃと長いもの水分量でとろみが違ってくるので、ゆるい時は片栗粉、かたい時は豆乳で調節。
② フライパンにオリーブオイルをひき弱火で生地を焼く(写真1)。表面にプツプツと泡が見えて生地が動くようになったら、裏返してさらに焼き、お皿にとる。

2. ケチャップライスを作る

①フライパンにオリーブオイルを適量ひき、Aを入れて炒める。玉ねぎが透明になったらケチャップと塩・こしょうで味付けして水分を少し飛ばし、ごはんを入れて混ぜる。オムレツ生地で包んでケチャップをかける。※クッキングペーパーを使って包むときれいにできます。

大豆ミートボール

材料｛ミートボール大30〜40個｝

A
- 大豆ミート☆……130g
- 水……2カップ
- しょうゆ……大さじ2
- みりん☆……大さじ2
- しょうが汁……小さじ1
- にんにくおろし……小さじ1

B
- れんこん……細1/2節　みじん切り
- 長いも……中細5cm　すりおろし
- えのき茸……1/2パック　みじん切り
- 玉ねぎ……1/2個
- 米粉……大さじ4〜

- 片栗粉……適量
- 揚げ油……適量

たれ
- しょうゆ……大さじ1
- メープルシロップ☆……大さじ1
- しょうが汁……小さじ1
- 水……1/2カップ弱

- 片栗粉（とろみ用）……大さじ1

作り方
1. 鍋にAを入れ、煮汁がなくなるまで中火で煮込む。
2. 1にBを混ぜてミートボール大にして丸め（水分が多ければ米粉を足す）、片栗粉をまぶして180℃の油で揚げる。
3. たれの材料を鍋に入れて火にかけ煮込み、同量の水で溶いた片栗粉でとろみをつける。
4. 2に3をからめる。

ポテトサラダ

材料｛4〜5人分｝

- じゃがいも……2個
- にんじん……1/4本　角切り
- 赤玉ねぎ……1/8個　スライス
- きゅうり……1/2本　スライス
- りんご……1/4個
- いちょう切りを塩水にくぐらせる

- 豆腐マヨネーズ…大さじ3〜5　※P60参照
- 塩・こしょう……少々

作り方
じゃがいもは蒸してマッシュし、冷めないうちに他の材料を全て混ぜ合わせ、塩・こしょうで味を整える。

キノコのエビフライ

材料 ｛6〜8本｝
 にんじん……1/4本
 エリンギ……2〜3本
 えのき茸……1パック
 ライスペーパー……6〜8枚

A ｜米粉……大さじ2
 ｜水……大さじ2
 ｜葛粉☆……小さじ1

 オートミール（衣用）……適量

作り方
1. エリンギはエビの形に見えるラインでちぎる。えのき茸はエリンギと長さを合わせてカットし、にんじんも合わせて細切りにする。
2. エリンギに切り込みを入れ、にんじんを2本はさんでしっぽのように合わせて出す。えのき茸で厚みを整える。
3. ライスペーパーをお湯にくぐらせて2を乗せて巻き込む。しっぽから油が入らないように巻き押さえ、1枚ずつ形を作っていく。
4. 3にAの衣をつけてオートミールをまわりにつけ、180℃の油で揚げ焼きにする。

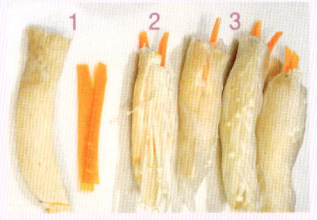

たけのこのフリッター

材料 ｛4〜5人分｝
 たけのこ（水煮）……1/2個
 塩、ブラックペッパー……少々

A ｜米粉……大さじ2
 ｜水……大さじ2
 ｜葛粉☆……小さじ1

作り方
たけのこを5mmくらいにスライスし、塩、ブラックペッパーを全体につける。Aの衣につけ180℃の油で揚げる。

いちごと梅のドレッシングサラダ

材料 ｛4〜5人分｝
 菜の花……1/2束

いちごと梅のドレッシング
 梅干（はちみつ入りなど甘めのもの）…5粒
 いちご……5粒
 オリーブオイル……大さじ2
 水……大さじ1〜

作り方
ドレッシングは材料をミキサーで混ぜ、塩ゆでした菜の花にかける。

新玉ねぎとアスパラガスのスープ

材料 ｛4〜5人分｝

- 新玉ねぎ……2個　スライス
- なたね油☆……適量
- 豆乳……2カップ
- 塩・こしょう……少々

A
- アスパラガス……6本　スライス
- だし汁……3カップ　※P104参照
- しょうゆ……少々

作り方
1. 鍋になたね油をひき、新玉ねぎを炒める。玉ねぎが透明になったら、Aを加えてアスパラに火を通す。ここへ豆乳を加えてひと煮立ちさせる。
2. ハンドミキサーでなめらかにし、塩・こしょうで味を整える。

甘酒の桜タルト

材料 ｛12cm型4個分｝

クラスト
- オートミール……1と1/2カップ
- 玄米粉……1/2カップ
- なたね油☆……1/4カップ
- プルーン……8〜10粒
- クランベリー……1/2カップ
- 塩……小さじ1/2

フィリング
- 水切り豆腐…1丁(200g)※P60参照
- 甘酒★……1/2カップ
- ココナッツオイル★……大さじ2
- メープルシロップ☆……1/4カップ
- 塩レモン……スライス1枚
- （又はレモン汁…大さじ1）
- 葛粉☆……1/4カップ
- 白みそ……大さじ1/2
- 桜の葉塩漬け…2〜3枚　塩抜きする

ジュレ
- 水……1/4カップ
- 粉寒天……小さじ1/2
- てんさい糖☆……大さじ1

飾り用
- 桜の塩漬け……4〜8粒　塩抜きする

作り方
1. **クラストを作る** ①クランベリー以外の材料を全てをフードプロセッサーにかけ細かくし、全体がまとまったらクランベリーを入れてさらに軽くまわす。②なたね油（分量外）を塗った型に生地を4等分して入れ、手で押しつけながら、底とまわりに均等に広げる（写真1）。
2. **フィリングを作る** ①材料を全てフードプロセッサーでなめらかになるまで混ぜる。クラストに流し入れ（写真2）180℃のオーブンで20分ほど焼く。表面がプリっと固まっていればOK。
3. **ジュレを作る** ①材料を鍋に入れてよく混ぜてから火にかけ沸騰させる。冷めたタルトに桜の花を並べジュレを流して冷やし固める（写真3）。

Happiness Veggy
Summer

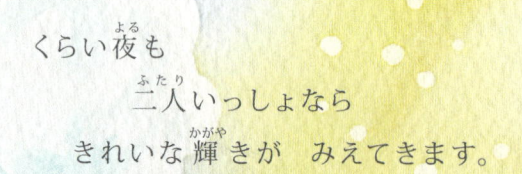

くらい夜も
二人いっしょなら
きれいな輝きが みえてきます。

「ねぇ お星さまは
　　どこで 輝いているの？」
「ずぅっと ずーっと
　　おおむかしから
　　　　輝いているよ」

天の川そうめん
いちじくドレッシングサラダ
生春巻き スイカのチリソース
アサイータルト

七夕

七夕は梅雨の季節。
なかなか天の川を見ることができないように思います。
そんな夜空のときは、夏のお野菜で星の瞬き、天の川をつくります。
すべて（火を使わない）ローリビングフード。
暑い夏にはうれしいメニューです。

天の川そうめん

そうめんに見える3種類の麺は、だいこんやズッキーニを細く切ったもの。
シンプルな野菜麺はクリーミーなたれにも合い、お野菜をたくさん食べられます。

材料　〔4～5人分〕

紅芯だいこん（又はにんじん）……1本
だいこん……1/2本
黄ズッキーニ（又はきゅうり）……1本

トマトだれ
　トマト……1/2個　5mm角切り
　セロリ……1/4本　5mm角切り
　パクチー……適量　小口切り
　梅酢……大さじ2～（塩味で調整）
　だし汁……1と1/4カップ　※P104参照

ココナッツカレーだれ
　ココナッツクリーム★……1と1/4カップ
　アボカド……1/2個
　コーン……1カップ
　カレー粉……小さじ1～（辛みで調整）
　塩…少々　　水…とろみ調節にお好みで

ごまだれ
　白ごまペースト……大さじ3～
　ローカシューナッツ……1/2カップ　一晩浸水
　しいたけ……5枚
　水……1と1/4カップ～
　みそ……大さじ2～（塩味で調整）

※たれは少し薄めてスープとして全ていただけます。

トッピング　きゅうり、パプリカ、マイクロトマト、
　　　　　　すだち、花（きゅうり、しそ）など……適宜

作り方

1. たれを作る
トマトだれの材料をボールに入れて混ぜる。ココナッツカレーだれとごまだれの材料は、それぞれ合わせてミキサーで混ぜる。

2. 野菜を麺状にスライスする
紅芯だいこん、だいこん、黄ズッキーニはつまや千切り用のスライサーでなるべく細長く麺状にスライスする。

3. 盛りつける
2を皿に盛り、お好みでトッピングをカットして飾る。1を添える。

いちじくドレッシングサラダ

材料 {4〜5人分}

A
- 黄カリフラワー……1/8個　粗みじん切り
- アルガンオイル★……大さじ1
- 塩……少々

B
- マッシュルーム……4個　スライス
- クルミ（生）……10粒　粗みじん切り
- ベビーリーフ……1パック

いちじくドレッシング
- ドライいちじく……3個
- オリーブの実……5粒
- オリーブオイル……大さじ2
- オレンジ果汁……1カップ〜
- バルサミコ酢……小さじ2

作り方
1. Aを混ぜる。ドレッシングの材料を全てボールで混ぜる。※アルガンオイルの香りと塩分でチーズ風に。
2. Bにドレッシングとaをかける。

生春巻き スイカのチリソース

材料 {4〜5人分}

- だいこん（皮用）……1/4本

- ブロッコリースプラウト★……1/2パック
- アボカド……1/2個　スライス
- パプリカ……1/4個　千切り
- キウイ……1/4個　輪切り
- きゅうり……1/2本　千切り

すいかのチリソース
- すいか……小玉1/8個　ざく切り
- チリパウダー……小さじ1〜
- アガベ☆……大さじ1〜
- にんにく……1かけ　すりおろし
- りんご酢……小さじ2

作り方
1. チリソースの材料と合わせてミキサーで混ぜる。
2. だいこんはかつらむきか、ピューラー、スライサーでごく薄切りにする。
3. お好みの具を用意し、2で具を巻き、チリソースを添える。

アサイータルト

材料〔21cm型1台分〕
  クラスト
    デーツ★……1/2カップ
    アーモンド……1と1/2カップ
    ココナッツパウダー★……1/2カップ
    アガベ☆……大さじ2〜

  フィリング
    アサイー★……1/4カップ
    バナナ……2本
    アボカド……1個

  バナナクリーム
    バナナ……1本
    レモン汁……小さじ1/2
    バニラエッセンス……少々

  カシュークリーム
    ローカシューナッツ……1カップ　一晩浸水
    水……1/2カップ〜
    塩……少々
    ココナッツオイル★……大さじ1
    アガベ☆……大さじ1〜
    バニラエッセンス……少々

  トッピング
    ミント、いちご、バナナ、
    ブルーベリーなど

グラスに丸めたクラスト、フィリング、バナナクリーム、カシュークリームを重ねてパフェのようにするのもおすすめ。

作り方
1. クラストを作る
全ての材料をフードプロセッサーでひとまとまりになるまで混ぜる。※手でつまんで団子にできるくらい。タルト型に入れ、手で押し付けながら底とまわりに均等に押し広げる（写真1）。

2. フィリング、バナナクリーム、カシュークリームを作る
それぞれ合わせてブレンダーでペースト状にする。※カシュークリームの水はクリームのかたさで調整し、きれいなクリーム状の角が立つまでまわす。ナッツ類はミキサーの力が弱いものだと、クリーム状にならないので注意。（※おすすめP105参照）

3. クラストにバナナクリーム、フィリングの順に敷き、冷凍庫で冷やし固める。

4. 絞り袋に入れたカシュークリームとトッピングで飾る。

※タルト型のままディハイドレーターで24時間乾燥させれば、カリカリのクラストになります。
　また、お好みの形に固めて12時間ほど表面がぱりっとするまで乾燥させればローリビングフードクッキーにもなります。

1

まぶしい太陽が　海や空を
キラキラさせてくれる季節。
色とりどりの　フルーツや　野菜たちも
太陽が育ててくれました。

Happiness Veggy
Summer

バーベキュー
タコスプレート
すいかスープ
8種類のジェラート
生メロンソーダ

バーベキュー

太陽が元気な夏。
たくさんの光を浴びて育ったお野菜や果物が食べたくなります。
ついつい食べ過ぎてしまうアイスクリームも、
ヘルシーで栄養たっぷりに作れば、食べ過ぎても安心です。

バーベキュー

マリネした元気な夏野菜に、野菜とナッツで作った
ローベジローフを詰めれば、お肉がなくても満足できる食べごたえ。
甘辛いパパイヤのBBQソースでいただきます。

材料　{4〜5人分}

ローベジローフ
- にんじん……1/2本
- ごぼう……1/2本
- 赤玉ねぎ……1/4個
- マッシュルーム……3個
- くるみ(生)……1/4カップ　一晩浸水
- 松の実(生)★……1/4カップ
- キャラウェイシード……小さじ1
- 白みそ……大さじ1〜
- オニオンパウダー……小さじ1
- アガベ☆……小さじ1〜
- ドライトマトパウダー……大さじ1
- 塩・黒こしょう……少々

マリネ液
- オリーブオイル……1/2カップ
- にんにく……1かけ　すりおろし
- アガベ☆……大さじ1
- ココナッツシュガー★……小さじ1
- りんご酢……大さじ1
- ※材料はボールに入れて混ぜておく

BBQソース
- パパイヤ……1/2個
- オリーブオイル……大さじ1
- バルサミコ酢……大さじ1弱
- アガベ☆……小さじ1
- にんにくパウダー……少々
- 塩・こしょう……少々

具
- ミニトマト、ズッキーニ、パイナップル、なす、エリンギ、マッシュルーム、とうもろこし、おくら、パプリカ、玉ねぎなど……適量　適当な大きさにカット

作り方

1. 野菜に味を付ける
マリネ液に具を漬けてディハイドレーターに入れて(写真1) 48℃以下で2時間ほど乾燥させる。

2. ローベジローフを作る
① 全ての材料をフードプロセッサーでそぼろ状の大きさまでまわす。※ペーストまでしないよう注意！食感を残すのがポイント。
② 乾燥させた1のパプリカやなすに①のローベジローフを詰め、(写真2) 串にさして30分ほどディハイドレーターに入れる。

3. BBQソースを作る
全ての材料を合わせてブレンダーでペースト状にする。お好みで2に付けて食べる。※ディハイドレーターがないときはマリネ液にしっかりと具を漬けてからローベジローフを詰める。食感はフレッシュですが、乾燥させなくてもおいしくいただけます。

タコスプレート

材料 {4〜5枚分}

コーンチップス
　コーン……2カップ強
　白ごまペースト……1/4カップ〜
　バナナ……1本
　塩……適量
　水……1/4カップ〜
　サイリウム☆……小さじ1

ナッツタコミート
　トマト……1/2個　ざく切り
　にんじん……1本　ざく切り
　ごぼう……1/2本　ざく切り
　マッシュルーム……4個
　オリーブオイル……大さじ3
　味噌……大さじ2
　オニオンパウダー……小さじ1
　ガーリックパウダー……小さじ1
　クミンシードパウダー……少々
　チリパウダー……適量
　塩・こしょう・醤油……適量
　アガベ☆（お好みで）

グァカモーレ
　アボカド……1個　5mm角切り
　赤玉ねぎ……1/4個　5mm角切り
　レモン汁……大さじ1
　塩・こしょう……適量

サワークリーム
　ローカシューナッツ……1/2カップ　一晩浸水
　レモン汁……大さじ1
　りんご酢……大さじ1
　塩こうじ（又は塩少々）……小さじ2
　アルガンオイル★（又はオリーブオイル）…大さじ2
　水……大さじ1〜

マンゴーサルサソース
　トマト……1個　5mm角切り
　マンゴー……1個　5mm角切り
　パクチー（お好みで）……3束　みじん切り
　レモン汁……大さじ2
　塩・こしょう……適量
　（ガーリック、チリパウダーなどをお好みで）

作り方

1. コーンチップスを作る
サイリウム以外の材料をクレープ生地くらいのかたさに水分を調節しながら入れ、ブレンダーでペースト状にし、サイリウムを加え混ぜる。ディハイドレーターシートに薄く伸ばし（写真1）、2時間ほど48℃以下で乾燥させる。表面が乾けばOK（写真2）。※長く乾燥させるとパリパリに割れるので注意。

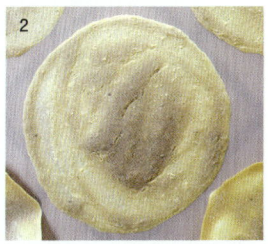

2. ナッツタコミートを作る
全ての材料を合わせ、フードプロセッサーでそぼろ状の大きさまでまわす。※ペーストまでせず、食感を残すのがポイント。

3. サワークリームを作る
全ての材料を合わせ、ブレンダーでクリーム状にする。

4. グァカモーレを作る
アボカドとトマトを混ぜ合わせ、レモン汁と塩・こしょうで調味する。

5. マンゴーサルサソースを作る
全ての材料を混ぜ合わせる。
1で2、3、4を包み5を添える。

すいかスープ

材料 {4～5人分}

A｜すいか……小玉1/8個　ざく切りにして種をとる
　｜オリーブオイル……大さじ2強
　｜塩……適量

すいか（飾り用）……一切れ　1cm角切り
シナモンパウダー……小さじ1

作り方
Aをミキサーでジュースにし、すいかを飾りシナモンパウダーをふる。

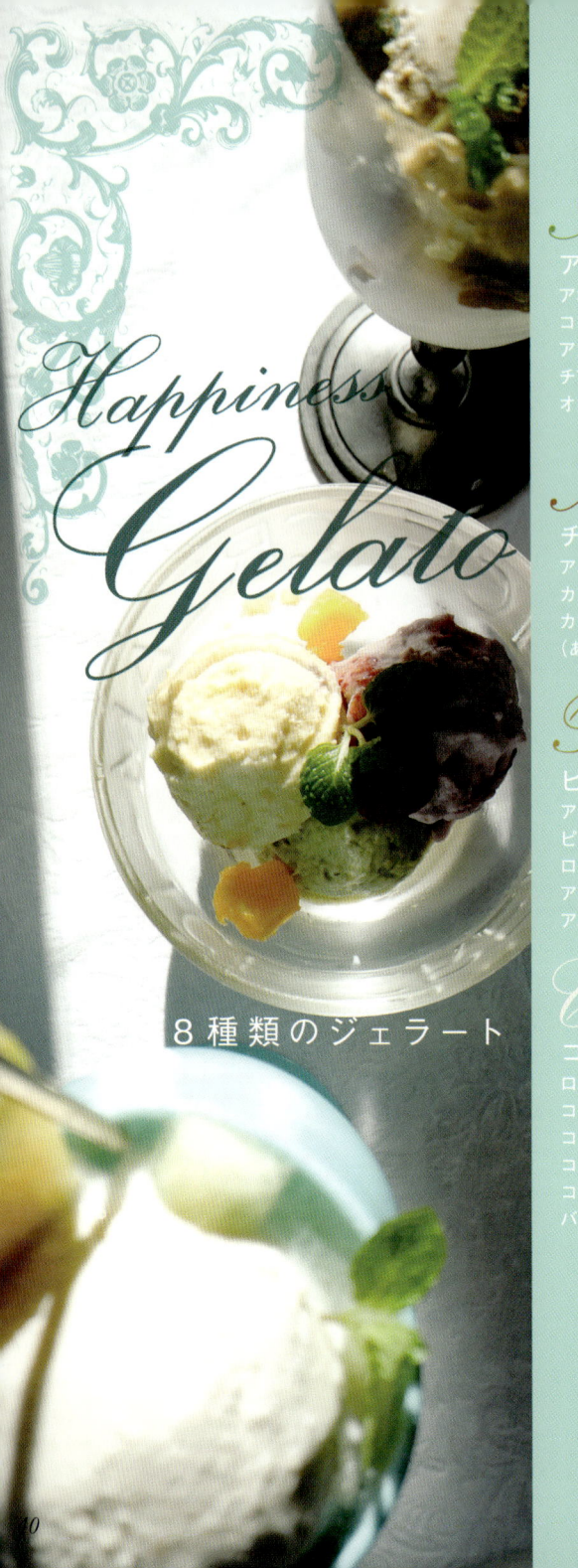

Happiness Gelato

8種類のジェラート

Avocado
アボカドジェラート
アボカド…1個　バナナ…3本
ココナッツクリーム☆…1カップ
アガベ☆…大さじ4〜
チアシード★…大さじ1を大さじ2の水で戻す
オレンジ果汁（又はレモン汁）…大さじ1

Mint Chocolate
チョコミントジェラート
アボカドジェラート…200g　ミント…大さじ1
カカオパウダー★…大さじ2
カカオニブ★…小さじ1　アガベ☆…大さじ1〜
（あればローカカオ★…大さじ2　48℃以下で湯煎）

Pistachio
ピスタチオジェラート
アボカドジェラート…200g
ピスタチオ…1/4カップ弱（一晩浸水）
ローカシューナッツ…1/2カップ弱（一晩浸水）
アガベ☆…大さじ1〜
アルガンオイル★…大さじ1　水…大さじ2〜

Coconut
ココナッツジェラート
ローカシューナッツ…1/2カップ（一晩浸水）
ココナッツクリーム★…2カップ
ココナッツパウダー★…1/2カップ
ココナッツオイル★…大さじ2（48℃以下で湯せん）
ココナッツシュガー★…1/4カップ〜
バニラエッセンス…少々　塩…少々

Green Soda

生メロンソーダ
材料［4〜5人分］
メロン…小玉1/2個　ソーダ水……2カップ〜
トッピング
ココナッツアイス、パイナップル、
ミントなど……適量

作り方
ミキサーでペースト状にしたメロンにソーダ水を加えて混ぜてグラスに注ぎ、トッピングを飾る。※メロンの甘みが少ないときはアガベを足す。角切りのメロンを混ぜてもおいしい。

Coffee

コーヒージェラート
ココナッツジェラート…200g
穀物コーヒー（又はインスタントコーヒー）
　…大さじ1を水大さじ1/2で溶く
アガベ☆…大さじ1〜

Raspberry

ラズベリージェラート
ココナッツジェラート…200g
ラズベリー（冷凍でも可）…1/4カップ（50g）
アガベ☆…大さじ2〜

Amazake

甘酒ジェラート
甘酒★（ストレートタイプ）…1カップ
大和いも…1/2カップ
ローカシューナッツ…1/2カップ（一晩浸水）
アガベ☆…大さじ2〜　塩…少々

Papaya

パパイヤジェラート
甘酒ジェラート…200g　パパイヤ…1/4個
アガベ☆…大さじ2〜
パパイヤ（トッピング）…1/8個
（角切りにし、パパイヤジェラートに混ぜ込む）

作り方
各材料を全て合わせ、ブレンダーでクリーミーになるまでよく混ぜる。金属製の容器に流し入れ冷凍庫で冷やし、途中数回混ぜながら（約30分ごとに取り出し、よくかき混ぜる作業を2〜3回繰り返す）固める。又はアイスクリーマーに入れる。※甘味はお好みで調節（冷えると甘味は薄まるので、少し濃いめにする）。

♥ スイカサイダー

材料
　スイカ…2カップ
　炭酸水…1カップ

[作り方] スイカをブレンダーでジュースにし、グラスに移して炭酸水を注ぐ。

♥ りんご（ビール）サイダー

材料
　りんごジュース…2カップ
　炭酸水…1カップ
泡
　豆乳…1/4カップ
　アガベ☆…大さじ1弱（お好みで）
　寒天…小さじ1/2
　水…大さじ2

[作り方] ①寒天と水を鍋に入れて混ぜ、ひと煮立ちさせる。②ボールに①と豆乳、アガベを入れホッパーで泡立てる。③リンゴジュースをグラスに注いで炭酸水をつぎ、②の泡を乗せる。

サイダー

Happiness Veggy

Autumn

ハロウィンの夜、手作りクッキーたちが
月へ つれていって くれました。

「おばけクッキー、
　　たべちゃいけないのぅ？」
「これから　ずーっと　お友だち」

Happiness Veggy
Autumn

かぼちゃカレー
ハロウィンクッキー
かぼちゃカスタードアップルパイ

ハロウィン

甘くて大きなかぼちゃはハロウィンの主役。
たのしい料理で色んな形に仮装してくれます。
みんなでパーティーの準備をすれば、たのしい時間も増えますね。

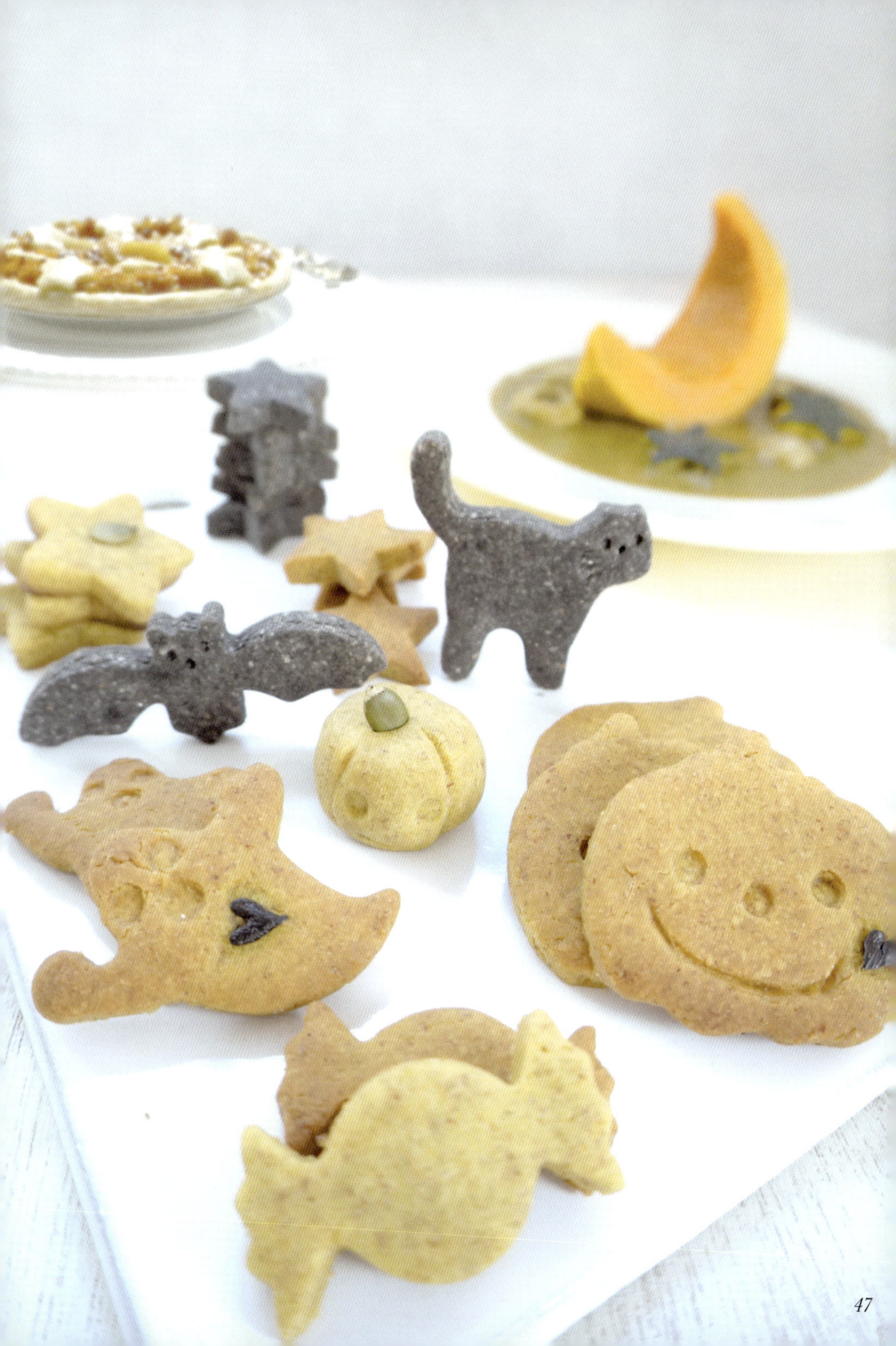

かぼちゃカレー

秋の恵みをたっぷり使った甘めのカレー。
月や星に仮装したかぼちゃや、おばけごはんを飾ります。
アイディア次第でカレーのお皿は楽しいパレットになります。

材料 {4～6人分}

ブイヨン
- なたね油☆……1/4カップ
- 玉ねぎ……1個　スライス
- にんにく……1片　スライス
- クミンシード……小さじ1
- 塩……小さじ1/2

A
- かぼちゃ……1/8個　乱切り
- じゃがいも……2個　乱切り
- セロリ……1/2個　乱切り
- にんじん……1/2本　乱切り
- だし汁……1カップ～　※P104参照

カレーソース

B
- トマト……1個
- りんご……1個
- バナナ……1本
- 柿（又は洋梨）……1個

- マッシュルーム……8～10個
- カレー粉……大さじ3～
- しょうゆ、塩・こしょう……適量

飾り用
- かぼちゃ……1/4～1/2個
- 月は5cmのくし切りにし、蒸す。残りのかぼちゃは大きめのまま蒸して皮を厚めにむき、星型に抜く

作り方

1. ブイヨンを作る
鍋になたね油を入れ、玉ねぎを中火で炒める。油が全体にまわったらクミンシード、にんにく、塩を加えて中火でじっくり炒め、玉ねぎの甘みを引き出す。玉ねぎがあめ色になったらAを加え、野菜に火が通るまで煮込む。

2. カレーソースとブイヨンを煮込む
Bと1のブイヨンをそれぞれミキサーでペーストにし、鍋で合わせ沸騰したら弱火にして15～20分ほど煮込む。

3. 調味する
マッシュルームを加えて中火で5分ほど煮込み、しょうゆ、塩・こしょうで味を整える。

{飾り付け}
平たいお皿にカレーを盛り、真ん中にかぼちゃの月を浮かべまわりに星を飾ります。かぼちゃの月が安定しないようだったら、底をカットして土台を作ります。

（写真）おばけはごはんで形を作り、蒸しにんじん、蒸しかぼちゃ、のりで顔もデコレーションします。

ハロウィンクッキー

小麦を使わないクッキーはこね過ぎてかたくなる心配はありません。丸めたり、型を使っておばけさんや黒猫さんを作ったら、お箸やスプーンで顔を描いてあげます。黒ごまクッキーはサクサク、かぼちゃクッキーはしっとりタイプです。

かぼちゃクッキー

材料 {40〜50枚位}

DRY
米粉……100g
アーモンドプードル……50g
塩……小さじ1/4（1g）

WET
かぼちゃ…100g
蒸してマッシュし、ペーストにしたもの
メープルシロップ☆……50g
なたね油☆……45g

黒ごまクッキー

材料 {40〜50枚位}

DRY
米粉……130g
アーモンドプードル……50g
塩……小さじ1/2（2g）

WET
ごまペースト……50g
メープルシロップ☆……50g
なたね油☆……40g

作り方

1. DRY、WETはそれぞれホイッパーでよく混ぜ合わせ、WETは乳化させ、きれいなペーストにする。(写真1) 
2. DRYにWETを入れてまとめ、ラップではさみ、1cm弱ほどの厚さに伸ばして好みの型で抜く（写真2,3）。※米粉やかぼちゃ、黒ごまペーストの種類によって、生地がゆるい場合は米粉を足して調整する。生地がかたい場合はシロップを足す。
3. 170℃に温めたオーブンで15分間焼く。クッキーの裏側に少し焼き目がつけばOK。※かぼちゃクッキーの方が少し焼き時間がかかる。

かぼちゃカスタードアップルパイ

材料〔18cm型1台〕

りんごのフィリング
- りんご……3個　八つ切りにして半分は皮をむく
- レモン汁……大さじ2
- A メープルシロップ☆……大さじ1
- レーズン……大さじ2
- シナモン（お好みで）……小さじ1

かぼちゃカスタード
- かぼちゃ……300g　蒸してマッシュし、ペーストにしたもの
- ココナッツクリーム★……大さじ3
- てんさい糖☆（お好みで）……大さじ1〜3
- なたね油☆……大さじ1
- 塩……少々
- 米粉……大さじ1
- バニラエッセンス……少々

パイ生地
- B ローカカオバター★…50g　刻む
- 玄米粉……100g
- 片栗粉……100g
- なたね油☆……50g
- てんさい糖☆…大さじ1
- 塩……小さじ1/2
- 水……100g〜

グレーズ
- C りんごジュース……1/2カップ
- 葛粉☆……小さじ1　同量の水で溶く

トッピング　松の実★、クコの実★など少々

作り方

1. りんごのフィリングを作る
鍋にフィリングの材料を全て入れ、フタをして沸騰したら弱火でりんごが柔らかくなるまで煮る。※途中、天地返しをして焦げつきそうな時は水を少し足す。

2. かぼちゃカスタードを作る
Aを鍋に入れ、弱火で混ぜながらとろみをつける。火を止めバニラエッセンスを加える。あら熱がとれたらしぼり袋に入れる。

3. パイ生地を作る
フードプロセッサーにローカカオバターを入れ、そぼろ状の大きさになるまでまわす（写真1）。Bを全て入れまわしながら水を少しずつ加え、ひとかたまりになるまでまわす。（指でつまんでお団子状になればOK）2/3のパイ生地を型よりも一回り大きく均等に伸ばし、油を塗った型に敷き詰め、余り出た（はみ出た）生地は型にそってカット（余った生地と1/3は星や縁の飾りに使う）し、フォークで穴をあける（写真2）。

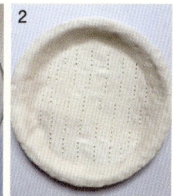

4. パイを焼く
3の型に縁用の生地を重ね馴染ませ、かぼちゃカスタード、フィリングを重ね入れる。残りのかぼちゃカスタードと星型に抜いたパイ生地で飾り（写真3）、200℃のオーブンで焼き目がつくまで焼く。

5. グレーズを作る
Cを鍋に入れ、弱めの中火で混ぜながらとろみをつける。あら熱がとれたパイ表面全体にはけで塗り、トッピングする。

ママに たのまれて
　　秋のめぐみを さがすため
　黄色のじゅうたんを すすみます。
　　　ママの すきな
　　　コスモスを みつけました。

「ママの　お手伝い　いっぱいしようね」
「うん。　ずーっと　しようね」

秋のお弁当

紅葉した森が見せてくれるきれいな色と、おいしい恵みをぎゅっと詰めました。
お弁当を開くみんなが笑顔になりますように。

もっちり栗ごはん

Happiness Veggy Autumn

切り餅を入れることで
おこわ風に仕上げました。
生栗のかわりに甘栗やさつまいもで
簡単に作れます。

材料 {4〜5人分}
　玄米……1合
　玄米餅（切り餅）……1/2個　5mm角切り
　甘栗（又はさつまいも）……10粒〜
　昆布……5cm1枚
　塩・ごま……少々

作り方
玄米を洗って炊飯器に入れ、通常の1.5倍の水加減にする。残りの材料を加えて炊く。炊けたらよく混ぜ、お好みで塩やごまなどで味を整える。

{トッピングをつくる}

紅葉チップス
材料　さつまいも、れんこん、
　　　にんじんなど……適量　スライス
さつまいも、れんこん、にんじんなどの野菜はスライスしてオーブンシートに並べて、塩と油を少しかける。180℃のオーブンで10分ほど焼く。素揚げでもOK。

ラディッシュきのこ
材料　ラディッシュ（飾りきのこ）
　　　……8〜10個
ラディッシュの下半分は切り込みを入れ、中心を残してカットする。上の部分は丸く切り取ってきのこの模様を作る。

もみじ、いちょう
材料　紅葉色の野菜……適量
黄色、オレンジ色など紅葉色のにんじんや野菜をスライスして型で抜く。

55

ごぼうのサラダ 柿ドレッシング

材料 {4〜5人分}

ごぼう……1/3本　ささがき

A
- 切り干しだいこん……1/2カップ
  軽く洗って5cmにカットする
- くるみ……5粒　刻む
- 水……大さじ1〜
- オリーブオイル……小さじ1〜

柿ドレッシング
- 柿（熟してやわらかいもの）……1個
  ペースト状にする
- 白みそ……小さじ1〜2
- なたね油☆（又はオリーブオイル）…小さじ1

作り方
1. ドレッシングの材料をよく混ぜる。
2. 鍋にオリーブオイル（分量外）をひき、ごぼうを炒める。ごぼうに火が通ったら、Aを入れて炒め合わせる。焦げそうなときはさらに水を加える。
3. 1と2を和えて10分ほど置く。

かぶのゆず昆布漬け

材料 {4〜5人分}

A
- 赤かぶ……1個　いちょう切り
- ゆずの皮……1/4個　細切り
- ゆずのしぼり汁……1/2個

昆布……10cm1枚
塩……少々

ゆず（器用）……1個

作り方
1. 保存用器に昆布を並べ、その上にAを加え混ぜて並べておく。
2. 昆布がやわらかく戻ったら取り出し、半量を細切りにして全体に和える。
3. 実をくり抜いたゆずの皮に盛りつける。

長いもソテー

材料 {4〜5人分}

　長いも……細め20cm　2cm幅の輪切り
　しょうゆ……大さじ1弱
　ごま (飾り用)……適宜

作り方
フライパンに油をひき、長いもに火が通ったらしょうゆをまわしかけ、仕上げにごまを飾る。

れんこんしそ揚げ

材料 {4〜5人分}

　れんこん……細め6cm　太めのいちょう切り

しそ衣
　梅しそふりかけ……小さじ1
　米粉……大さじ2
　水……大さじ2
　葛粉☆……小さじ1

作り方
1. しそ衣は合わせて溶く。
2. れんこんを1にくぐらせ180℃の油でからりと揚げる。

根菜ボール

材料 {4〜5人分}

A ｜ れんこん……中1/4節
　 ｜ ごぼう……1/2本
　 ｜ にんじん……小1/3本

　玉ねぎ……中1/4個　みじん切り
　米粉……60g (全体の1/3の割合)
　塩・こしょう……少々

バルサミコソース
B ｜ バルサミコ酢……大さじ3
　 ｜ メープルシロップ☆……大さじ1

作り方
1. Aをフードプロセッサーで細かくする。
2. 玉ねぎは透明になるまで油で炒める。
3. 1と2、米粉と塩・こしょうを混ぜ合わせて、一口大のボールにする。
4. 3を160℃の油でキツネ色に揚げる。
5. Bを軽く煮詰め、熱いうちに4を絡める。

里いものきのこあんかけ

材料 {4〜5人分}
　里いも……5〜6個
　れんこん……小1/4節　みじん切り
　白きくらげ……2枚　水で戻し、みじん切り
　片栗粉……適量
　揚げ油……適量
　ゆずの皮（飾り）……適宜

あん
　だし汁……1/2カップ　※P104参照
　薄口しょうゆ……小さじ1
　えのきだけ……1/2パック　2〜3cmにカット
　片栗粉……小さじ1を水大さじ1で溶く

作り方
1. 里いもは蒸してやわらかくし、マッシュする。
2. 1にれんこん、白きくらげを混ぜ合わせて丸める（手に水をつけるとまとまりやすい）。
3. 片栗粉をつけて180℃の油でカラリと揚げる。
4. 片栗粉以外のあんの材料を鍋に入れて火にかけ、沸騰したら水溶き片栗粉でとろみをつける。
5. 3に4をかけて、ゆずの皮を飾る。

きのことおいものスープ

材料 {4〜5人分}
きのこ
　しめじ……1/2パック
　まいたけ……1/2パック
　えのき……1/2パック
　（きのこはお好みで混ぜる）

　さつまいも……中2/3本　5mm角切り
　じゃがいも……中1個　5mm角切り
　にんにく……1片　みじん切り
　しょうが……小さじ2　すりおろす
　玉ねぎ……1/2個　みじん切り
　オリーブオイル……大さじ1
　塩・こしょう……適量
　ローリエ……1枚
　みそ……大さじ1

作り方
1. 鍋にオリーブオイルを入れて、にんにく、しょうがを入れてから火をつけ、焦がさないように炒める。香りがたったら玉ねぎ、塩、ローリエを入れて炒める。
2. 玉ねぎが透明になってきたら、さつまいも、じゃがいも、きのこを入れ、油がまわったら水5カップを入れて煮込む。
3. さつまいもがとろとろに溶けたら味を見ながらみそを入れ、塩・こしょうで仕上げる。

木の実とおいものタルト
※応用レシピです

材料 {7.5型4個分}

フィリング
　スイートりんごポテトの中身を半量でつくる

クラスト
A｜米粉……70g
　｜アーモンドパウダー……40g
　｜紅茶の葉……小さじ1
　｜塩……ひとつまみ

B｜てんさい糖☆……20g
　｜なたね油☆……25g
　｜豆乳……25g

キャラメリゼナッツ
　お好みのナッツ……1カップ
　メープルシロップ☆…大さじ2
　豆乳……大さじ1

　ドライいちじく…小4個
　1/2にカット

作り方

1. クラストを作る
A、Bをそれぞれホイッパーで混ぜ、2つを合わせて生地を作る。型に生地を手で押し付けながらまわりと底に均等に広げ、形を整え180℃のオーブンで15〜20分焼く。

2. キャラメリゼナッツを作る
　ナッツはフライパンでローストし、メープルシロップと豆乳を合わせて火にかけ、とろみがついたら火から下ろし、クッキングシートにバラバラに並べて冷ます。

3. 1にフィリングを詰めて2を飾り、ドライいちじくをトッピングする。

スイートりんごポテト

材料 {4〜5人分}

さつまいも（安納いもがおすすめ）
　…細め2本（約500g）

A｜りんご……小1/2個　すりおろし
　｜くるみ……5粒　刻む
　｜ココナッツクリーム★……1/2カップ
　｜なたね油☆……大さじ1
　｜レーズン……大さじ1

作り方

1. さつまいもは5cmの輪切りにして蒸し、中央をくり抜き器にする。
2. 1のくり抜いたさつまいもと器に出来なかった残りのさつまいもとAを鍋に煮詰める。※甘味が足りない時は米あめを足す。
3. 2を1に詰めて190℃のオーブンで15分ほど焼く。

手作り調味料

♥ 塩レモン

材料
- 無農薬レモン…5〜6個(1000g)
- 塩…カップ (100g)
- ※レモン重量の10%

{作り方} レモンは皮をよく洗って水気を拭き、半分は輪切り、半分はくし形に切る。煮沸消毒した保存ビンに、レモンと塩を交互に詰めてフタをする。1日1回ビンを上下に振って水分を全体にまわし、塩を溶かす。塩が全て溶ければ出来上がり。

※長く置くと塩がなじみ、酸味が穏やかになります。夏場は冷蔵庫で保存。
※塩、レモン汁、塩こうじのように使用します。(ex.少し使いたい/バナナ、アボカドの色止め/ドレッシング、ソースマリネなどの調味料/ドーナツ、シャーベットに少し混ぜて使えば、さっぱりしたスイーツに/ペースト状にしても便利に利用できます)
※お好みの野菜に輪切りレモンをのせて蒸せば、スチーム野菜の出来上がり。
※塩レモンスポーツドリンク＝レモン塩大さじ1＋冷水または炭酸水500mlにお好みではちみつ又はアガベを足す。

♥ トマトソース

材料
- トマト…1個　みじん切り
- 玉ねぎ…1/4個　みじん切り
- ケチャップ…大さじ3
- 塩・こしょう…少々
- メープルシロップ☆…小さじ1

{作り方} 玉ねぎをウォーターソテー(P104参照)し、塩・こしょうする。全ての材料を入れ、とろみがつくまで火を入れる。

♥ とろろ昆布パウダー

材料
- とろろ昆布…適量

{作り方} とろろ昆布をフライパンに広げて弱火で5分ほど加熱しながらほぐし乾燥させる。冷めてから袋に入れ、パウダー状になるまでもむ。
※サラダやスープ、ソースに少量加えると、うまみが増してだしの代わりにもなります。のり、ごまをプラスして、ふりかけにしてもOK。

♥ アボカドマヨネーズ

材料
- アボカド…1個
- 塩レモン…小さじ2
  (又はレモン汁小さじ1＋塩少々)
- こしょう…少々
- 粒マスタード(お好みで)…小さじ1

{作り方} 全てをボールでつぶしペースト状にする。
※たっぷりつけても安心でヘルシーなマヨネーズ。ソースやドレッシングの代わりにもなります(写真P102参照)。

♥ 泡しょうゆ

材料
- しょうゆ…大さじ1
- 豆乳…大さじ2

{作り方} 材料を合わせ泡立て器で泡立てる。大さじ1のしょうゆが1カップほどに膨らむ。
※ふわふわで口あたりがまろやか。冷や奴などにふわっとのせれば、かけすぎ防止、減塩にもなります。

♥ 豆腐マヨネーズ

材料
- 水切り豆腐☆…1丁(300g)
- 黒酢…大さじ2
- 塩レモン…大さじ2
  (又はレモン汁大さじ1＋塩小さじ1)
- マスタード…小さじ1/2
- はちみつ(又はアガベ☆)…大さじ1
- 白みそ…小さじ1
- こしょう…お好みで
- オリーブオイル(又はなたね油☆)
  …大さじ3〜

{作り方} オリーブオイル以外の材料をフードプロセッサーでなめらかにする。オイルを少しずつ加えながら混ぜ合わせる。

※水切り豆腐
木綿豆腐をバットに入れ、まな板などで重しをして豆腐一丁重量が2/3量くらいになるまで時間をおく。※さらに湯通しをして水切りすれば臭みが消え、日持ちもします。

Happiness Veggy

Winter

イヴの夜、ママのために
X'masの 準備を します。

「ママには お休みは ないの？」
「そうだね。ずーっと ママだから」

Merry Christmas

Happiness Veggy
Winter

ハンバーグ風ドリア
塩こうじチーズ３種盛り
パセリと塩こうじドレッシングサラダ
ビーツのスープ
揚げ物盛り合わせ
X'masケーキ

クリスマス

凛と澄んだ空気がきれいな空を見せてくれる冬。
聖なる夜も、あたたかい料理が心も身体も幸せにしてくれます。

65

ハンバーグ風ドリア

雑穀ごはんのハンバーグに、豆乳で作ったホワイトソースと
白玉粉で作るチーズ風ソースをかけて焼き上げました。
おいしくて楽しくなる一品です。熱々を召し上がれ。

材料 {4〜5人分}

玄米……1合
15穀米……1/2カップ
水500ccと塩ひとつまみを加えて炊く

れんこん……中細1/2節
半分をみじん切りにして、残りはすりおろす
にんにく……1かけ　みじん切り
玉ねぎ……1/2個　みじん切り
しょうゆ……小さじ
塩・こしょう……少々
オリーブオイル……適量

ホワイトソース

A
玉ねぎ……1/2個　スライス
マッシュルーム……5個　スライス
えのき……1/2パック　一口大

B
豆乳……1と1/2カップ
米粉……大さじ2〜3　少量の豆乳で溶かす
塩・こしょう……適量

もちチーズ
白玉粉……大さじ3
豆乳……1カップ
白みそ……大さじ2

オリーブオイル……小さじ1
りんご酢……小さじ1強
塩……小さじ1/2〜
白こしょう……少々

もち……1/2個　すりおろす
タイム……適量

オリーブオイル……適量

作り方

1. ハンバーグを作る

オリーブオイル適量とにんにくを入れて火にかけ、色づき始めたら玉ねぎ、みじん切りのれんこんを加えて炒め合わせる。※途中焦げそうなときは水を足す。火が通ったらボールに移し、すりおろしたれんこんと炊いた15穀ごはんを混ぜて調味料を加える。5等分し、ハンバーグ形にする。フライパンにオリーブオイルを適量ひき、両面焼いて軽く焼き目をつける(写真1)。

2. ホワイトソース・もちチーズを作る

①ホワイトソース作る　鍋にAを入れて火にかけ、ウォーターソテー(P104参照)に火が通ったらBを加え、とろみをつけて調味する。②もちチーズを作る　白玉粉を豆乳1/4カップで溶かしてから、残りの材料を混ぜ合わせ鍋に入れ、クリーミーなとろみがつくまで中火でかき混ぜながら2〜3分加熱する。

3. オーブンで焼く

ハンバーグにホワイトソース、もちチーズの順にかけ、すりおろしたもちとタイムをのせて(写真2)200℃のオーブンで15分ほど焼き目がつくまで焼く(写真3)。

塩こうじチーズ
3種盛り

基本の塩こうじチーズ

材料
　水切り豆腐…1丁 P60参照
　塩こうじ……大さじ3

作り方
豆腐に塩こうじを塗り込み、キッチンペーパーで包んで容器に入れる。冷蔵庫で1日置く。

ディルのクリームチーズ

材料
A｜ディル……2本 みじん切り
　｜塩こうじチーズ……1/4丁

盛りつけ用
　塩こうじチーズ……1/4丁
　好みの形に切り分ける

作り方
Aをつぶし混ぜ、丸める。盛りつけ用の塩こうじチーズに飾る。

ビーツチーズ

材料
ビーツ……小1/2個　塩ゆで
塩こうじチーズ……1/4丁

トッピング
オリーブの実……適量

作り方
1. ビーツを1.5cmほどの厚みに切り、お好みの型で抜く。
2. 残ったビーツをみじん切りにし、塩こうじチーズがほんのりピンク色になる程度の量を混ぜ合わせる。
3. 1に2を丸めてのせ、オリーブの実を飾る。

カルパッチョ風ナッツチーズ

材料
ナッツチーズ
A｜松の実★……大さじ1 みじん切り
　｜塩こうじチーズ……1/4丁
　｜ニュートリショナルイースト☆
　｜……大さじ1
　｜レモン汁……小さじ1
　｜塩こうじ……少々

白きくらげ……5〜6枚
水で戻し、一口大に切る

B｜フラックスオイル★……少々
　｜しょうゆ……少々

紅芯だいこん…数枚
スライス
かいわれだいこん…適量

作り方
1. Aを全て混ぜる。
2. 白きくらげにBを和える。
3. 紅芯だいこんでナッツチーズと味付けした白きくらげとかいわれを巻く。

パセリと塩こうじ　ドレッシングサラダ

材料
　　かぶ……小1個　　スライス
　　赤かぶ……小1個　　スライス
　　紅芯だいこん……小1/4本
　　スライス
　　アイスプラント……1/2パック
　　スライス

パセリと塩こうじのドレッシング
　　塩こうじ……1/4カップ
　　オリーブオイル……1/4カップ
　　パセリ……大さじ1　　みじん切り
　　玉ねぎ……大さじ1　　みじん切り
　　りんご酢……大さじ1
　　米あめ☆……大さじ1

作り方
ドレッシングの材料を混ぜ合わせ、野菜にかける。

ビーツのスープ

材料
A ┃ ビーツ……1/2個　　5mm角切り
　 ┃ にんじん……1/4本　　5mm角切り
　 ┃ 玉ねぎ……1/4個　　5mm角切り
　 ┃ セロリ……1/4本　　5mm角切り

　　にんにく……1かけ　　スライス
　　クミンシード……小さじ1
　　だし汁……7カップ　　P104参照
　　塩・ブラックペッパー……少々

作り方
鍋にオリーブオイル、にんにく、クミンシードを入れてから火をつけ、焦がさないように炒める。香りがたったらAを入れ油がまわったらだし汁を足し、沸騰してから弱火で約30分野菜に火を通す。塩・ブラックペッパーで味を整える。

揚げ物盛り合わせ

はちみつの ジンジャーチキン風

材料

　大豆から揚げ……13個

A｛
　はちみつ……大さじ2〜3
　しょうが……大さじ1　すりおろし
　にんにく……小さじ1　すりおろし
　しょうゆ……小さじ1
｝

　片栗粉（衣用）……適量
　揚げ油……適量

作り方

大豆から揚げはお湯で戻し、冷めたら水分を絞って鍋に入れる。Aと浸るくらいの水を入れ、落としブタをして弱火で煮込む。煮汁が1/3量になったら取り出して冷まし、片栗粉をつけて180℃の油でさっと揚げる。※はちみつが焦げやすいので注意。

里いもフリッター

材料

A｛
　米粉……大さじ2
　水……大さじ2〜
　葛粉☆……小さじ1
　パプリカパウダー……小さじ1
　松の実★……大さじ1　みじん切り
　塩・こしょう……少々
｝

　里いも……中3個
　揚げ油……適量

作り方

Aをよく混ぜ合わせる。食べやすい大きさにカットした里いもに衣をつけて、180℃の油で揚げる。

長いもフリッター

材料

A｛
　米粉……大さじ2
　水……大さじ2〜
　葛粉☆……小さじ1
　スパイス……小さじ2
　（白ごま、ガーリックパウダー、クミンなど）
　塩・こしょう……少々
｝

　長いも……中細10cm
　揚げ油……適量

作り方

Aをよく混ぜ合わせる。食べやすい大きさにカットした長いもに衣をつけ、180℃の油で揚げる。

X'masケーキ

材料 {21cm型1台}

スポンジ
A
- 米粉……65g
- アーモンドパウダー……20g
- アルミフリーベーキングパウダー…小さじ1
- 塩……ひとつまみ

B
- 豆乳……100g
- メープルシロップ☆……30g
- なたね油☆……25g

豆腐ホイップクリーム
C
- 水切り豆腐……400g　P60参照
- ココナッツクリーム★……120g
- バニラエッセンス……小さじ1

D
- メープルシロップ☆……130g
- 粉寒天……大さじ1強

ココナッツオイル★……大さじ5
（湯煎して溶かしたもの）

いちごホイップクリーム
E
- いちご……3～5粒（60g）
- ストロベリーパウダー…大さじ1～2
- ココナッツオイル★……大さじ1

飾り用
いちご、ラズベリー、ブルーベリー、ハーブ（ミント、タイム、チャービル）など

作り方
1. スポンジを作る
① オーブンを190℃に余熱しておく。
② Aはホイッパーでよく混ぜる。Bは2倍の量になるまで泡立て、泡をつぶさないようにAに入れて（写真1）ホイッパーで混ぜ合わせる。型に流し入れ泡が消えない間に（写真2）すばやくオーブンで15～20分ほど焼く。※竹串をさして生地がついてこなければOK。

2. 豆腐ホイップクリームを作る
① Cをフードプロセッサーでクリーム状にする。
② Dを鍋に入れ溶かしてから沸騰させる。
③ ①に②を入れ混ぜ、ボールに移し冷蔵庫で冷やし固める。
④ ③をふたたびフードプロセッサーでクリーム状にして、ココナッツオイルを加え混ぜる。

3. いちごホイップクリームを作る
① 出来上がった豆腐ホイップクリームの半量にEを入れ、フードプロセッサーでクリーム状にする。

4. デコレーションをする
① 余熱のとれたスポンジの上に豆腐ホイップクリームを均等に入れ（写真3）、いちごを並べる（写真4）。その上からいちごホイップクリームを流し入れ（写真5）、表面をならし冷蔵庫で冷やし固める。
② ホイップクリームが固まったら型から外し、飾り用のフルーツやハーブを飾る。

X'masの朝、
お手伝いを　がんばった　二人に
サンタさんから
プレゼントが　とどきました。

「ずーっと　夢みてた
　　　お菓子の　お家だぁー」
「ずっと　信じていれば
　　　夢は　叶うんだね」

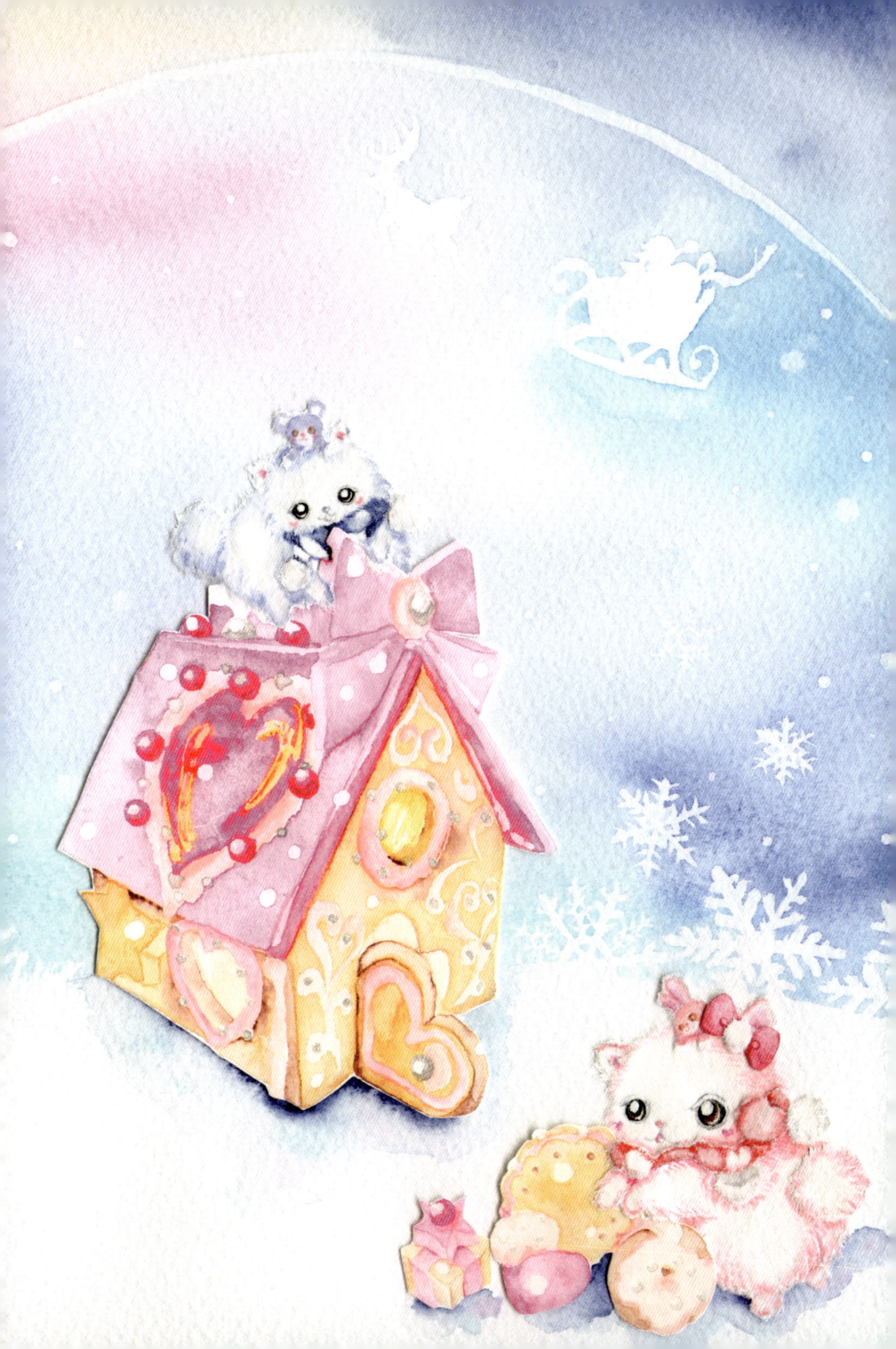

お菓子の家

おいしく焼き上がったクッキーに
アイシングをのり代わりに、お家を立てていきます。
模様を描いたり、雪を降らせたり、
自由に飾りつけましょう。
ステンドグラス風に作った窓はキャンディーです。
中に明かりを灯せばさらにきれいに輝きます。

材料

ラズベリークッキー

A
- ラズベリー……30g
  フォークでつぶして
  ペースト状にする
- 豆乳……35g
- なたね油☆……40g
- てんさい糖☆……30g

B
- 玄米粉……60g
- オートミール……40g
  フードプロセッサーで
  パウダー状にする
- 片栗粉……20g
- 塩……ひとつまみ

シナモンジンジャークッキー

A
- 玄米粉……70g
- 片栗粉……50g
- シナモン……小さじ1/4
- 塩……ひとつまみ

B
- 豆乳……30g
- てんさい糖☆……20g
- なたね油☆……40g
- しょうが汁……大さじ1

キャンデー……2〜3個

アイシング
- てんさい糖☆……80g
- 水……小さじ2
- レモン汁（又は水）…小さじ1/2

ストロベリーパウダー…適量

飾り用
- アラザン……適量

型紙は次ページにあります

作り方
1. クッキーを作る

① ラズベリークッキー、シナモンジンジャークッキーは各A、Bそれぞれを混ぜてから合わせてまとめる。
※粉の種類やフルーツの水分により、生地を調整する。生地がかたいときは豆乳をプラス、ゆるいときは玄米粉をプラス。 
② ①の1/2量をクッキングシートにのせ、ラップをかけ5mmの厚さに伸ばす。ここへ型紙を乗せてナイフでカットし、まわりの余分な生地を取り除く（写真1）。余った生地はお菓子やトナカイなどにする。※クッキングシートのまま鉄板に移せば生地が伸びたり、ちぎれる心配がないのでおすすめ（写真2）。 
③ 170℃のオーブンで15分くらい焼く。※ラズベリーの生地は焼きすぎるときれいなピンク色にならないので注意。
④ ステンドグラスにする窓の生地は、10分ほど焼いたところでいったん取り出して、細かく割ったキャンデーを敷きつめて（写真3）オーブンに戻して3分ほど焼く。キャンデーがきれいに溶けたら鉄板から取り出して冷まし、固める（写真4）。  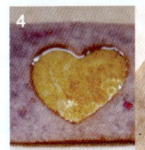
⑤ アイシングは全て混ぜ、1/2量にストロベリーパウダーを適量入れ、ピンク色に着色する。それぞれをしぼり袋に入れる。※時間が経つと固まるので注意。

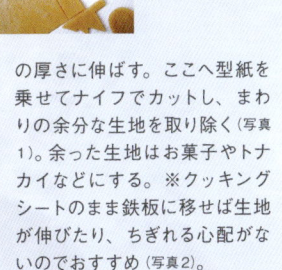

2. 組み立てる

① そり、ツリー、煙突をアイシングで接着して組み立てる。家の壁と屋根はアイシングで飾る。それぞれ、アイシングが乾く前にアラザンでデコレーションして完全に乾かす。
② 煙突を組み立て屋根に完全に付けて乾かしておく。
③ 家は壁から組み立てて内側からアイシングで補強する。完全に乾いてからハートの扉と屋根をつける。※固まるまで手で押さえておく。同じ高さの支えになる台があれば便利（写真5）。
④ 飾りのトナカイやお菓子などにも好みでアイシングで飾る。

お菓子の家型紙

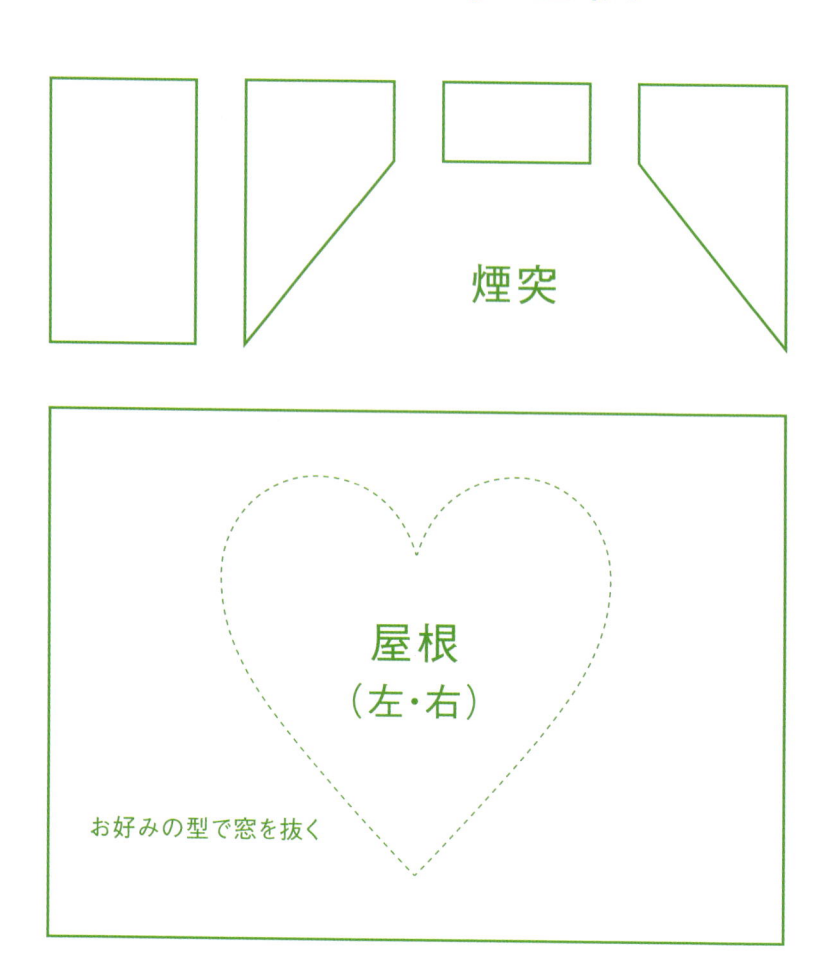

煙突

屋根
（左・右）

お好みの型で窓を抜く

壁
（左・右）

お好みの型で窓を抜く

ツリー

リボン

しか

壁
（前・後）

前壁のドアと窓を抜く

そり

前・後

左・右

77

バレンタインの日、
ママが 大きな ケークサレを
　　焼いています。
チョコの スープも いい香りです。

「ママの ごはん 大好き」
「ママのこと ずーっと
　　　だぁーい 大好き」

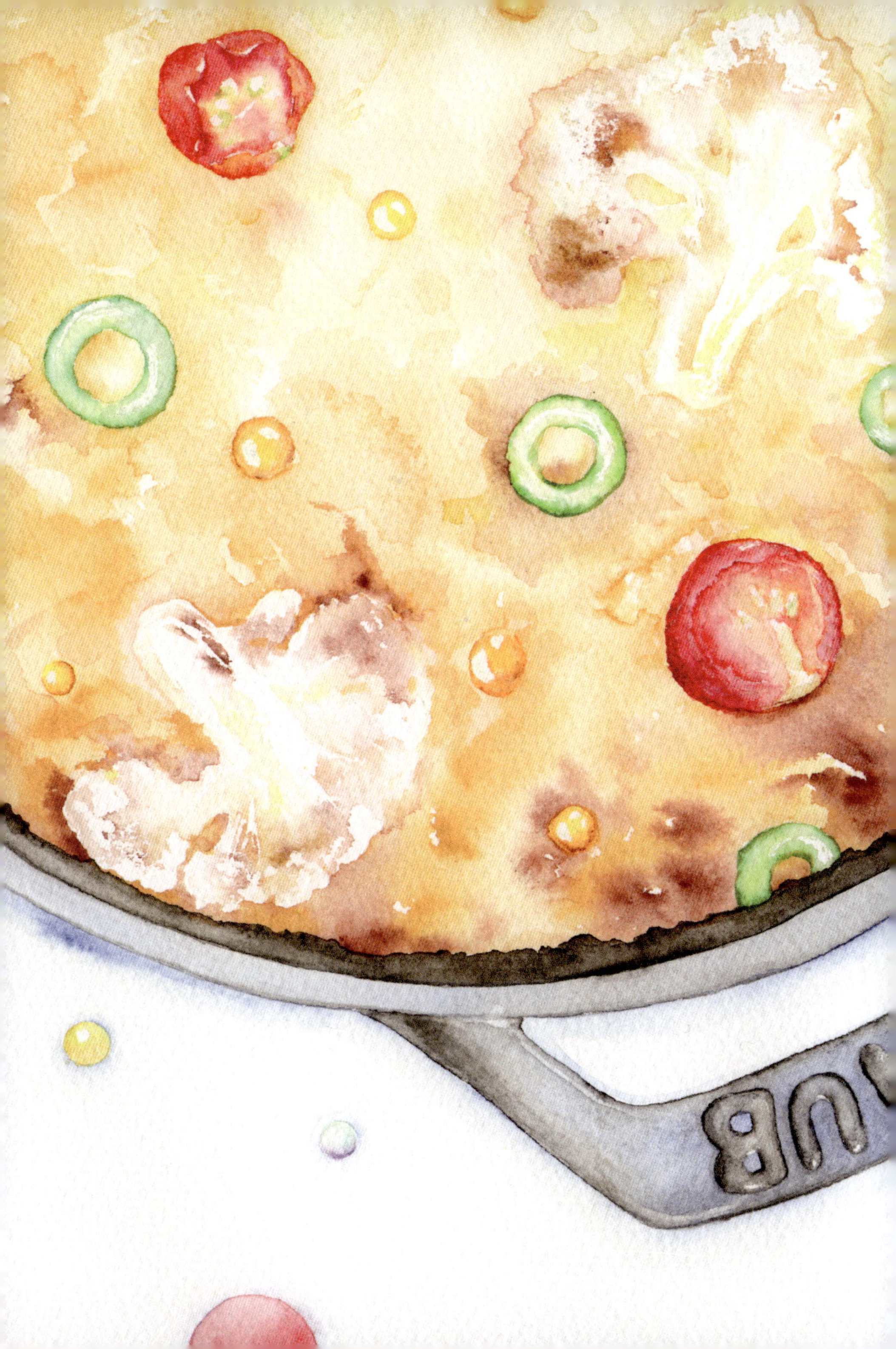

Happiness Veggy

Winter

大きなケークサレ
ローストポテト
カリフラワーと
山いもドレッシングサラダ
根菜トマトのマカスープ

バレンタイン

あたたかいお料理で家族や友達、大切な人に
いつもは言えない愛と感謝を伝えて。

81

大きなケークサレ

フランス生まれのお惣菜ケーキです。
お好みの野菜を入れれば色んなアレンジが楽しめます。
たっぷりのお野菜が食べれて、朝食やおやつにもおすすめです。

材料 〔21cm型1台分〕

A
- 米粉……130g
- 玄米粉……30g
- アルミフリーベーキングパウダー…小さじ2(8g)
- 塩……少々

Aをホイッパーでよく混ぜる

B
- メープルシロップ☆……30g
- オリーブオイル……50g
- 豆乳……200g
- りんごジュース……30g

Bをホイッパーでよく泡立てる
(2倍量くらいになるまで)

C
- 玉ねぎ……1/2個　スライスしてウォーターソテーする ※P104参照
- カリフラワー……1/8個　一口大にカット
- 山いも……細5cm　5mmにスライス
- オリーブの実……10個　1/2にカット

飾り用
- カリフラワー……3〜4カット　スライス
- 山いも……細1cm　スライス
- ミニトマト(黄色と赤色)…各3〜4個　1/2にカット
- オリーブの実……2〜3粒　スライス

サーモンクリーム風ソース
- サワークリーム……1/2カップ　※P38参照
- にんじん……大さじ　千切り
- フラックスオイル★……大さじ1
- ディル……小さじ1　みじん切り
- 塩……少々

作り方

1. 材料を型に流し入れる
型にオリーブオイル(分量外)を塗る。AとBをホイッパーで混ぜ合わせ、Cを加え泡をつぶさないようにゴムベラで混ぜ、型に流し入れる(写真1)。

2. オーブンで焼く
1の上に飾り用食材をのせ(写真2)、190℃のオーブンで20分ほど焼く。※途中、表面が焦げるようならホイルをかぶせる。竹串をさして生地がついてこなければできあがり。
(写真3/かぼちゃやマッシュルームなどの季節の野菜にアレンジしてもおいしい)

3. 盛りつける
皿に取りわけ、ボールで混ぜたサーモンクリーム風ソースを添える。

ローストポテト

材料

じゃがいも……小6個　一口大にカット
ローズマリー……2本　3cmにカット
オリーブオイル……大さじ1
塩……少々

作り方
全ての材料をボールに入れて混ぜ、190℃のオーブンで15分ほど焼く。おいしそうなキツネ色になり、竹串がスッとさされればOK。

カリフラワーと山いも ドレッシングサラダ

材料

クレソン……適量　4等分にカット
紫キャベツ……適量　スライス

ドレッシング
カリフラワー……1/4カップ　みじん切り
山いも……1/2カップ　すりおろし
オリーブ……大さじ3
りんご酢……大さじ1
白みそ……小さじ2〜
塩……少々

作り方
ドレッシングを作る
全ての材料をボールに入れて混ぜる。カットした野菜にかける。

Happiness Veggy
Winter

根菜トマトのマカスープ

材料

A
- ごぼう……1/4本　5mm角切り
- れんこん……1/2節　5mm角切り
- にんじん……1/2本　5mm角切り
- 玉ねぎ……1個　粗みじん切り

B
- さつまいも……中1/2本　5mm角切り
- マッシュルーム……5個　スライス
- だし汁……2カップ　P104参照
- ホールトマト……1缶（240g）つぶす

C
- マカ★……大さじ2
- ローカカオパウダー★……大さじ1
- みそ……小さじ1

トッピング
　ごぼうスライス素揚げ

作り方
1. Aをオリーブオイル（分量外）で炒める。塩ひとつまみ（分量外）を加え、玉ねぎが透明になるまで火を通す。※途中、焦げつきそうなときは水を加える。
2. Bを加え野菜がやわらかくなるまで煮込む。
3. Cを溶かし入れ、ひと煮立ちする。器に盛ってトッピングを飾る。

プレゼントを　かんがえるのも　たのしい時間(じかん)。
ふぅあは　もぉこの　好(す)きなお花(はな)を、
もぉこは　ふぅあの　好(す)きな雪(ゆき)を　さがします。

はなれていても、
　　ずーっと 想(おも)ってる。

雪の結晶アイス

チーズケーキ風アイスにはいちじくのクッキーを、
バナナアイスにはココナッツクッキーを合わせました。
2種類のアイスはおいしくて簡単、
クッキーも焼く必要がありません。

Gift from Moko

チーズケーキ風
アイスクッキー

材料 {5.5cm型6個分}

アイス生地
　ローカシューナッツ……1カップ　一晩浸水
　大和いも……中細5cm　すりおろす
　水……1/4カップ
　ココナッツオイル★……大さじ2
　48℃以下で湯煎して溶かす
　レモン汁……1/4カップ弱
　アガベ☆……大さじ3〜4

クッキー
　ローアーモンド……1カップ　一晩浸水
　ドライいちじく(黒)……1/2カップ強
　ココアパウダー★……大さじ1
　ココナッツオイル★(又はカカオバター★)
　……大さじ1　48℃以下で湯煎して溶かす
　塩……ひとつまみ

ココナッツバナナアイスクッキー

材料 {5.5cm型6個分}

アイス生地
　　バナナ……1本　レモン汁で色止め
　　ココナッツクリーム★
　　（又はココナッツクリーム★)……1カップ
　　アガベ☆……大さじ2

クッキー
　　ココナッツパウダー★……1カップ
　　アガベ☆……大さじ1強
　　ココナッツオイル★……大さじ1強
　　48℃以下で湯煎して溶かす
　　塩……ひとつまみ

作り方
1. アイス生地は全て混ぜてブレンダーでペースト状にし、型の7分目くらいまで流し入れて冷凍する。
2. クッキーの材料をフードプロセッサーにかけてひとまとまりにし、固まった1の上に押し敷きつめて、さらに冷凍する。

大切な人への　プレゼント。

　いつも　ありがとう。
　　　ずっと　ずーっと。

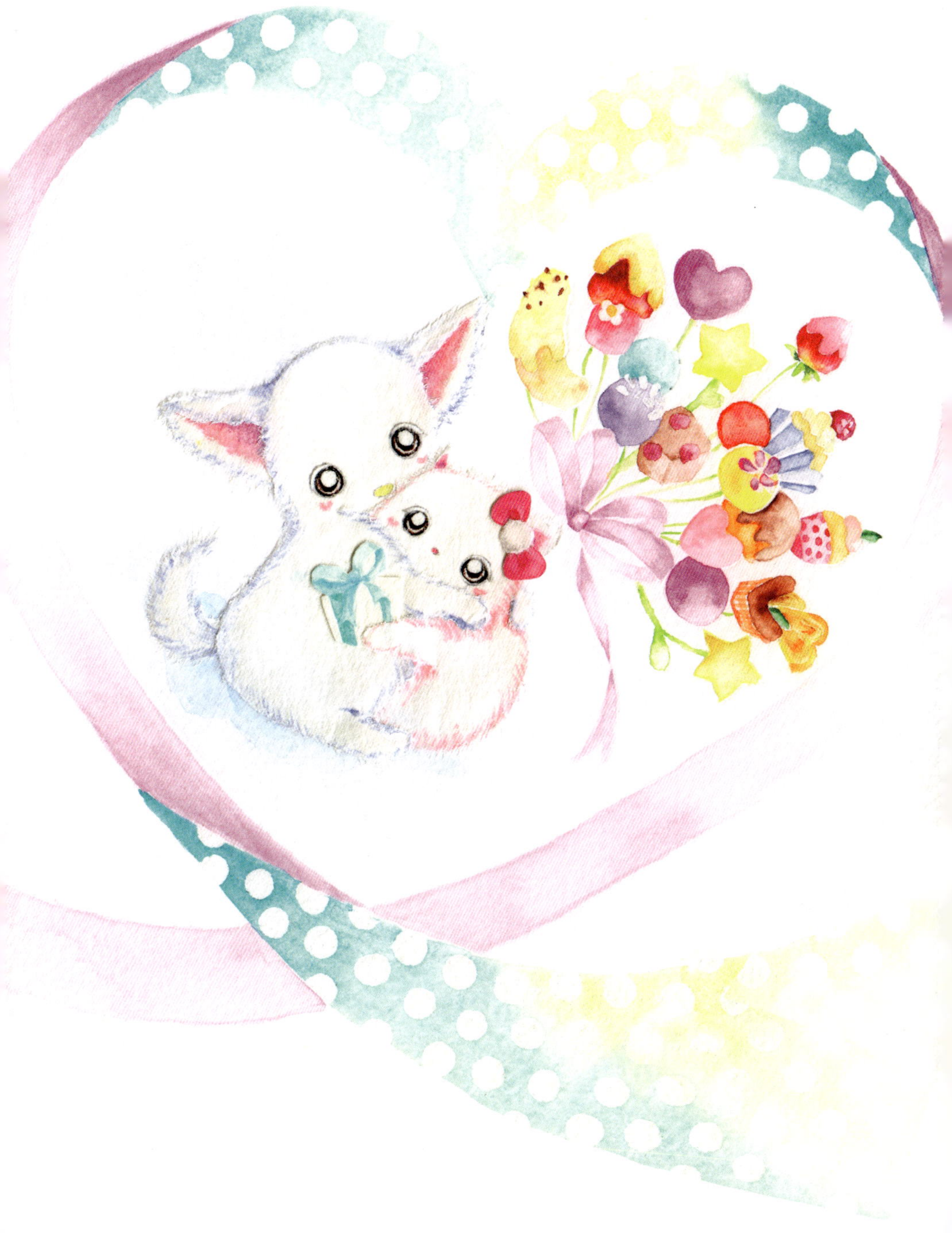

お菓子のブーケ

お花たちはすべてローリビングフードで作っています。食べて罪悪感のない栄養いっぱいのスイーツです。ひとつからでも作ってみてください。きっとロースイーツのファンに♥いくつかの気に入ったお菓子のお花を集めれば、華やかなプレゼントの完成です。

基本のホワイトチョコ

材料

- ローカシューナッツ……50g
  一晩浸水後、洗って乾かす
- ローカカオバター★……40g
  刻み、48℃以下で湯煎して溶かす
- アガベ☆……30g

作り方

1. ローカシューナッツはフードプロセッサーでピーナッツバター状になるまで5分ほどまわす。
2. 1にほかの材料を加え、全体がきれいなクリーム状になるまでさらにまわす。
3. お好みの型に流し入れて冷蔵庫で冷やし固める。

〔ホワイトチョコアレンジ〕

マンゴーチョコ

材料
- ホワイトチョコ……大さじ3
- マンゴーパウダー……小さじ1～

ストロベリーチョコ

材料
- ホワイトチョコ……大さじ3
- ストロベリーパウダー……小さじ1～

コーヒーチョコ

材料
- ホワイトチョコ……大さじ3
- コーヒーパウダー……小さじ1～

作り方

それぞれを混ぜ、色づけばOK。※作業中に固まるようなら湯煎する。

ハート・星・クマ・バラのチョコ

作り方

ハート型♥ ハート型にストロベリーチョコを流し入れ固める。

星型★ 星型にマンゴーチョコを流し入れ固める。

クマ型🐻 クマ型にホワイトチョコを流し入れ固める。

バラ型🌹 バラ型に少量のストロベリーチョコを入れ、ホワイトチョコを流し入れ固める。

クッキーポップス

材料 〔6個分〕

クッキー
- ローアーモンド…1/2カップ
  一晩浸水
- レーズン……1/2カップ
- デーツ★……1/4カップ
- 塩……少々
- マカパウダー★……大さじ2

各ホワイトチョコアレンジ……適量

トッピング
- バラ、フリーズドライストロベリー、ココナッツパウダー★などお好みで

作り方

クッキー生地をフードプロセッサーにかけ、ひとまとまりになるまでまわす。これを6つのボールに丸めてスティックをさし、各ホワイトチョコアレンジをつけてトッピングし、冷やし固める。

フルーツチョコ
作り方
いちご、バナナ、きんかん、スターフルーツなどフルーツにホワイトチョコやアレンジチョコをかけ、チョコチップやドライいちごやヘーゼルナッツなどをトッピングする。

ココナッツボール

材料【12〜16個分】

A
- ココナッツパウダー★……2カップ
- ローカシューナッツ……1/2カップ 一晩浸水
- ココナッツオイル★……大さじ1〜2
- アガベ☆……大さじ2

- マンゴーパウダー
- ストロベリーパウダー
- ブルーベリーパウダーなど……大さじ1〜

作り方
1. Aの材料をフードプロセッサーでひとまとまりになるまでまわす。※手でつまんで団子にできるくらい。
2. 1を3等分にわけ、それぞれのパウダーを色づくまで加え、巨峰大の大きさに丸める。

ブラウニー

材料【8〜10個分】

A
- くるみ(生)……2/3カップ
- デーツ★……1/4カップ
- レーズン……1/2カップ
- ローカカオパウダー★……大さじ2

- ドライクランベリー……1/4カップ

作り方
1. Aをフードプロセッサーでひとまとまりになるまでまわす。※指でつまんで固まるくらい。
2. 1にドライクランベリーを加えて混ぜる。
3. 長方形にぎゅっとまとめて、8〜10等分に切る。

キャロットカップケーキ

材料【8〜10個分】

A
- にんじん……中細2/3本 ざく切り
- ローカシューナッツ……2/3カップ 一晩浸水
- ココナッツオイル★……大さじ1
- ローアーモンド…1/4カップ
- デーツ★……1/2カップ
- シナモン……適量
- 塩……ひとつまみ

トッピング
- ホワイトチョコ……適量
- ドライフルーツ
- ナッツなど……適量

作り方
1. Aの材料をフードプロセッサーでひとまとまりになるまで混ぜる。※手でつまんで団子にできるくらい。
2. 好みのカップに丸めた1を入れ、トッピングを飾る。

ナッツフリートリュフ

材料【8〜10個分】
- デーツ★……1と1/2カップ
- 水……大さじ2
- ローカカオバター★…大さじ2 刻み、48℃以下で湯煎して溶かす
- ローカカオパウダー★……大さじ2
- マカ★……大さじ1
- 塩……ひとつまみ

トッピング
- ココナッツパウダー★
- カカオパウダー★
- マカパウダー★など

作り方
トッピング以外の材料をフードプロセッサーでひとまとまりになるまでまわす。好みの大きさに丸めて周りにトッピングをまぶす。

トリュフカップ

材料
- ナッツフリートリュフ……お好みで2〜3個

トッピング
- ドライいちじく
- ドライオレンジ
- ピスタチオ

作り方
トリュフをカップに丸めて入れ、トッピングを飾る。

※ディハイドレーターで12時間ほど表面がぱりっとするまで乾燥させればローリビングフードクッキーにもなります。

Brunch
Menu

スーパーフード スムージー

グラノーラ

マフィン

パンケーキ

カップケーキ

ミルフィーユ

ベジパテバーガー＆
テンペのテリヤキバーガー

一日の始まりに、
ひと手間加えて作る
ブランチメニュー。
四季折々の空気や陽気を
楽しみながら
ゆったりといただきます。

グリーンスムージー

材料(500ccくらい)
- ほうれん草……小5束
- ブロッコリースプラウト★……1/2パック
- バナナ……1本
- スピルリナ★……小さじ1
- ココナッツクリーム★……2カップ

トッピング
- スピルリナ★……少々

ピンクスムージー

材料(500ccくらい)
- いちじく(ドライでも可)……2個
- ザクロジュース……1カップ
- ラズベリー……1/2カップ
- クコの実★……大さじ1
- マカパウダー★……小さじ1
- ココナッツクリーム★……1カップ

トッピング
- クコの実★……少々

スーパーフードスムージー

作り方
全ての材料をミキサーで混ぜる。
※お好みでチアシード★大さじ1(大さじ2の水で戻す)を加えると飲みごたえのあるスムージーになります。

イエロースムージー

材料(500ccくらい)
- パイナップル……2切れ　輪切り
- 黄パプリカ……1/2個
- ビーポーレン★……小さじ1
- ココナッツウォーター★……1カップ
- ココナッツオイル★……大さじ1

トッピング
- ビーポーレン★……少々

グラノーラ

材料

A
- くるみ……1カップ
- アーモンド……1/2カップ
- (又はピーカンナッツ☆)
- ドライいちじく…1/2カップ

種、実(パンプキンシード、松の実★、クコの実★など)
合わせて1/2カップ
ドライフルーツ
(クランベリー、レーズン、ホワイトマリベリーなど)
合わせて3/4カップ
ココナッツパウダー★
　…1/2カップ

調味料
- てんさい糖☆……大さじ2
- (又はココナッツシュガー★)
- メープルシロップ☆…大さじ2
- シナモンパウダー…小さじ1
- なたね油☆……大さじ3
- (又はココナッツオイル★)
- 塩……小さじ1/4

トッピング
いちご、ブルーベリー、ラズベリー、ブラックベリー、りんご、パパイヤ、マンゴー、ビーポーレン★など適量

豆乳……適量
(又はナッツミルク)

作り方

1. Aをフードプロセッサーか包丁で粗みじん切りにし、トッピング以外の材料をボールで合わせ、130℃のオーブンで20分ほど焼く。途中、全体を混ぜてこんがりと焼き目をつける。※レーズンなどのドライフルーツは焦げやすいので注意。焼き上がりに加えてもOK。
2. 1が冷めたらお好みで角切りにしたフルーツを混ぜたりトッピングし、豆乳やナッツミルクでいただく。

ローリビングフードでの作り方

1. Aをフードプロセッサーか包丁で粗みじん切りにし、角切りにしたりんごと調味料のココナッツシュガー、ココナッツオイル、メープルシロップをボールで混ぜてディハイドレーターシートに広げ、24時間乾燥させる。

プレーンマフィン

材料〔5cm型6個分くらい〕

DRY
- 米粉……40g
- 玄米粉……40g
- コーンミール……10g
- アルミフリーベーキングパウダー…4g
- 塩……ひとつまみ

WET
- なたね油☆……30g
- てんさい糖☆……30g
- 豆乳……130g

作り方
1. オーブンを190℃に余熱する。
2. DRYをホイッパーでよく混ぜ、空気を入れる。
3. WETもホイッパーでよく混ぜ、しっかりと泡立てる。
4. DRYにWETを入れて混ぜ合わせ、泡がある間にすばやく型に流し、オーブンで20分ほど焼く。※竹串をさして生地がついてこなければOK。

アレンジ4種

バナナピーカンチョコ
- バナナ……1/2本
- ピーカンナッツ☆……6粒

チョコソース
- A│ローカカオパウダー★…小さじ2
- 　│メープルシロップ☆…小さじ2

〔作り方〕プレーンの生地にチョコソース（Aを混ぜる）をマーブル状に混ぜて型に流し、バナナ、ピーカンナッツをトッピング。

ベリーベリー
- ブルーベリー……1/2カップ（生もしくは冷凍）
- ドライクランベリー…30粒

〔作り方〕プレーンの生地にブルーベリーを混ぜて型に流し、クランベリーをトッピング。

いちじくくるみ
- ドライいちじく……5個
- くるみ……10個

〔作り方〕材料の半分を刻み、プレーン生地に混ぜて型に流し、残りのいちじく、くるみをトッピング。

いちご
- いちご……2〜3個
- いちごジャム……大さじ2

〔作り方〕プレーンの生地にイチゴジャムをマーブル状に混ぜて型に流し、スライスしたいちごをトッピング。

チアチョコプリン

材料
- チアシード★……1/4カップ
  2カップの水で戻す
- ココナッツクリーム★…1/2カップ
- デーツ★……10個
- 塩……ひとつまみ
- ローカカオパウダー★…大さじ4
- ココナッツオイル★…大さじ2

トッピング
- カカオニブ★、ラズベリー、ミントなど適量

作り方
1. トッピング以外の材料をブレンダーでペースト状にし、器に流し入れて冷蔵庫で冷やす。
※中にバナナを入れてもおいしい。
2. 1が固まったら、トッピングを飾る。

フルーツパンケーキ

材料
　りんご……1/2個　いちょう切り
メープルソース
　水・メープルシロップ☆……各1/4カップ
　バニラエッセンス……少々
　シナモン……小さじ1
　塩……ひとつまみ

トッピング
　いちご、ラズベリー
　ブルーベリー、バナナなど適量

ココナッツパンケーキ

材料
　ココナッツクリーム★……1カップ
　ココナッツオイル★……大さじ1
　アガベ☆……大さじ1〜

トッピング
　バナナ、ピーカンナッツ☆など適量

パンケーキ

材料｛12cm6枚分くらい｝
DRY
　米粉……120g
　かぼちゃフレーク……15g
　アルミフリーベーキングパウダー……6g
　塩……ひとつまみ
　（あればチアシード★……小さじ2）

WET
　なたね油☆……45g
　てんさい糖☆……30g
　豆乳……200g

作り方
1. DRY、WETをそれぞれよく混ぜてから合わせる。
2. オイル（分量外）をひいたフライパンに1を流して焼く。表面にぶつぶつ穴ができたら裏返してキツネ色になったら出来上がり。
3. フルーツパンケーキのソースは、りんごをメープルソースで5分ほど煮る。ココナッツパンケーキのソースは、材料全てをホイッパーで混ぜる。
4. それぞれにソースをかけトッピングする。

カップケーキ

材料〔4cm型12個分くらい〕

A
| 米粉……70g
| アーモンドパウダー……15g
| アルミフリーベーキングパウダー……4g
| 塩……ひとつまみ

B
| なたね油☆……25g
| メープルシロップ☆……30g
| 豆乳……100g

デコレーション
豆腐ホイップ　P71参照
ストロベリーホイップ　P71参照
チョコホイップ
（豆腐ホイップ1/3にカカオパウダー
を色づくくらい入れ混ぜる）
お好みのフルーツやナッツなど

作り方
1. オーブンは190℃に余熱する。A、Bそれぞれよく混ぜる。Bは2倍量位になるまで泡立てる。
2. 1を合わせて型に流し入れ、泡が消えないうちにすばやくオーブンに入れて15〜20分焼く。竹串をさして何もついてこなければ焼き上がり。
※カップの大きさで焼き時間が変わるので注意。

ミルフィーユ

材料

 パイ生地　P51参照
 豆腐ホイップクリーム　P71参照
 かぼちゃカスタード　P51参照
 お好みのフルーツ
 （いちご、ラズベリーなど）適量

作り方

1. パイ生地は半量で作って5mmに伸ばし、お好みの型で抜く。てんさい糖（分量外）を表面にふり、200℃に温めたオーブンで15〜20分こんがり焼く。
2. 豆腐ホイップクリームは半量で作って絞り袋に入れる。
3. かぼちゃカスタードは半量で作り、絞り袋に入れる。
4. 1〜3を重ね、お好みのフルーツをはさんで飾る。

ベジパテバーガー

材料 {4個分}
ベジパテ
　水切り豆腐…1/2丁(150g) P60参照

A
　にんじん…1/4本
　　みじん切り
　マッシュルーム…3個
　　スライス
　玉ねぎ…1/4個
　　みじん切り
　ピーマン…1/2個
　　みじん切り

　ひよこ豆(水煮缶)…1カップ
　塩……小さじ1/3
　こしょう……少々
　みそ……小さじ1
　くるみ……10粒　粗みじん切り
　玄米粉……大さじ2〜
　(あればキャラウェイシード、
　ナツメグ、チアシード★少々)

トッピング
　トマト、レタス、玉ねぎ、
　アボカド、カラーピーマン
　アボカドマヨ　P60参照
　トマトソース　P60参照

作り方
1. Aを炒めて塩・こしょうで味付けする。玉ねぎがキツネ色になればOK。
2. ボールにひよこ豆を入れてつぶす。1と残りの材料を入れて混ぜ、4等分にして丸める。※手に油をつけて丸めるとまとめやすい。
3. フライパンにオリーブオイル(分量外)をひき、表裏をこんがり焼く。
4. バンズにベジパテとトッピングを重ねてはさむ。

テンペのテリヤキバーガー

材料 {4個分}
テンペ☆……2枚　1/2にカット

テリヤキソース
　水……1/4カップ
　しょうゆ……大さじ1
　みりん☆……大さじ1
　てんさい糖☆……小さじ1

トッピング
　きゅうり、玉ねぎ(ソテー)
　豆腐マヨネーズ　P60参照

作り方
1. フライパンにごま油(分量外)をひき、中火でテンペの両面をソテーする。
2. 1にテリヤキソースを入れ、とろみがつくまで煮詰める。
3. バンズにテリヤキテンペとトッピングを重ねてはさむ。

バンズ

材料 {6.5cm4個分}
DRY
　米粉……80g
　パンプキンパウダー……5g
　アルミフリーベーキングパウダー…4g
　塩……2g
　ごま…3g(又はチアシード★)

WET
　オリーブオイル……30g
　てんさい糖☆……10g
　豆乳……120g

トッピング
　ごま…少々(又はチアシード★)

作り方
1. オーブンは190℃に余熱する。DRYをよく混ぜ、WETは2倍量になるくらいまでホイッパーやハンドミキサーで泡立てる。
2. 1を合わせ混ぜて型に流し、中心にごまをふってオーブンで15分ほど焼く。※竹串をさして生地がついてこなければOK。

からだを元気にしてくれる おいしい調味料と食材

いい調味料を使って料理すること

　添加物を含まない調味料を選びましょう。
　毎日使う塩・しょうゆ・みそは想像以上に身体に影響があります。みそやしょうゆなど、伝統的な製法で作られた調味料は、熟成・発酵がきちんとされていて微量栄養素、発酵菌が豊富です。そうした発酵食品は腸内細菌を増やし、腸の中にある栄養素を吸収し、余分なものを排出してくれます。
　化学調味料は品質の劣化を避ける保存料などが含まれているため、食べ続けると腸内細菌を減らしてしまうともいわれています。
　塩は精製されておらず、ミネラルやにがりが含まれている海塩や岩塩などの自然塩を選びましょう。精製された食塩はミネラル類が取り除かれています。
　野菜・果物もおいしい旨みをもつ調味料になります。なるべくオーガニックや旬のものを選びましょう。これらは栄養価が高いだけではなく、おいしいだしや甘みになります。
　食べることできれいに、健康に。

※しょうゆ、みそ、ソース、ベーキングパウダーなど、大豆や小麦を使用しているものもあるのでアレルギーの人は注意。

白砂糖は控えましょう

　白砂糖は精製過程でビタミンやミネラルなどの微量栄養素を失った酸性食品。
　精製された白砂糖などの甘味は、血糖値の急激な上下を招き、取り過ぎた糖質は身体に中性脂肪として蓄えられ、老化や病気の原因となる活性酸素を大量に発生させるといわれます。また、血液を酸化（汚す）させ、ウイルスや細菌に感染しやすく、アトピー、アレルギー、冷え性、便秘、虫歯、胃潰瘍、糖尿病などの病気になりやすい身体をつくってしまうともいわれています。
　白砂糖に代わる甘みとして、本書ではアガベ、メープルシロップ、てんさい糖などをレシピに載せています。これらは糖質以外にミネラルなどほかの栄養素も摂れ、さらに摂取後の血糖値の上昇が穏やかです。
　果物・野菜、ドライフルーツ、玄米甘酒などの甘さも上手に生かしましょう。ストレートタイプのりんごジュースやみかんジュースも甘みとして利用できます。
　和風の煮物や和え物にも砂糖を使わず、野菜や干物の甘みを生かしたり、本みりんを少々加えます。

良質なたん白質は植物から

大豆は「畑の肉」といわれるくらい良質なたん白質が豊富です。ほかの豆類もたん白質を多く含み、ビタミンB_1やイソフラボンなどの栄養価も高いです。

※大豆製品のひとつ高野豆腐は、豆腐をスライスして冷凍し、乾燥した保存食。たっぷりのぬるま湯に浸し、何回か水を替えて戻し水気を絞ってから調理します。煮物が一般的ですが、すり下ろしてミンチ状にしてひき肉、大豆ミンチ代わりに使ったり、下味をつけてフライやから揚げにしたりしてもおいしいです。

玄米も栄養価が高く、白米に比べてビタミン・ミネラル・食物繊維が豊富で、健康を保つのに必要な栄養素をほとんど摂取できるため、完全栄養食品といわれます。また、フィチン酸が多く含まれ、体内の有害物質、水銀や鉛など重金属と結合し排出する働きがあるそうです。玄米にはリジンという必須アミノ酸が不足していますが、大豆のたん白質はリジンが豊富なため、玄米ごはんにみそ汁を添えればパーフェクトです。

スーパーフードについて

「スーパーフード」は、ひとつの食材でさまざまな栄養素が摂れたり、特定の有効成分が飛び抜けて多く含まれたりしている食品のこと。

料理やスイーツに少しずつ継続的に使うことで、健康維持、老化防止、美容に期待できる魅力的な食材です。少量で効率的に栄養補給できるので、いつものごはんを手軽にエネルギッシュ&ヘルシーに！

料理の味を決める調味料と食材。質のいいものは値段も高めですが、一つずつでもそろえていきましょう。健康な身体を作ってくれるおいしいものを選択してほしいです。

♥ ウォーターソテー&ウォータースチーム

油の代わりに少量の水と塩をして出てくる野菜の水分で蒸し煮にして素材の甘みを引き出す調理法です。

1. 生の野菜を細切りにし、塩ひとつまみして和える。鍋に大さじ3の水と水分が少し出てきた野菜を入れ、フタをして弱火にかけます。
2. フタをあけると野菜から水気が出ていることがわかります。コゲつきそうなら適量水を足し、再度フタをします。
3. 野菜がやわらかくなれば完成。※1で野菜が半分ほどひたる少量の水で作ればウォータースチームです。

♥ だしのとり方

だし汁 A｜水……3カップ
　　　　｜昆布……10cm2枚
　　　　｜干ししいたけ……2枚

1. ピッチャーなどにAを入れ、冷蔵庫に一晩入れて使う。急ぎ時は、1. 鍋にAを入れ30分以上つけておく。
2. 1を中火にかけて、煮立つ直前で弱火にし、15分煮出してこす。

昆布濃縮だし 5g×10包
税込421円（税抜390円）

日高昆布100%使用。旨味のある和風だしの素良質な日高産昆布をじっくりと煮出して作った濃厚で旨味のある昆布エキス。砂糖・動物性原料不使用。化学調味料不使用。
個包装タイプ
1袋（5g）を約500ccの水か湯で溶かす
味噌汁、吸い物、炒め物、煮物、鍋物、めんつゆなどのだしに

オーサワの野菜ブイヨン 5g×8包
税込388円（税抜360円）

国内産野菜の旨みが凝縮。洋風料理がおいしく仕上がる。植物性素材でつくった洋風だしの素。顆粒タイプ。砂糖・動物性原料不使用。化学調味料不使用
スープやピラフ・カレーに（1包で3〜4人分）

※洋食の料理の時は野菜ブイヨンがおすすめです。

リビングフードにあると便利な機器

ハイパワーブレンダー

通常、ミキサーと呼ばれるものですが、パワーの少ないミキサーだとうまくクリーム状にならない時があるため、この本では特にナッツ類をクリーム状にする時などに使用しています。※フードプロセッサーも同様。パワーが少ないものだとペースト状にならない時があります。

Vitamix TNC 5200　　83,000円（税別）
【お問い合わせ】
（株）アントレックス
TEL: 03-5368-1800

ディハイドレーター

低温の温風で食材の水分を蒸発させる食物乾燥機のこと。ディハイドレーターを使うと、食物が本来もっている酵素や栄養を破壊せずに乾燥させることができるので、ドライフルーツやドライベジタブル、ロークッキーなどの調理に便利。

セドナ　　60,000円（税別）
【お問い合わせ】
（株）アントレックス
TEL: 03-5368-1800

おすすめ食材

甘味料

☆てんさい糖

【特徴】アカザ科植物「てん菜」（ビート、砂糖大根）が原料。日本では北海道が産地。【味】深みがありスッキリとした甘さ。【機能性】いろんな微量ミネラルのほか、腸内のビフィズス菌の栄養源となるオリゴ糖を含む。【H】

☆メープルシロップ

【特徴】カエデ樹液を煮詰めたもの。メープルシュガーはさらに煮詰めて粉末状。【味】独特の風味があり、料理に深いコクが出る。【機能性】カルシウムやマグネシウムなどミネラルが他の甘味料に比べて多い。抗酸化作用の研究結果も。【D】

☆アガベシロップ

【特徴】主に砂漠地帯に育つリュウゼツラン科の植物のみつ。【味】しっかりとした甘さがあり、まさに上白糖代わりに。メープルよりもクセがない。【機能性】ブドウ糖でなく、大部分が果糖でできている。血糖上昇が穏やかな甘味料。【C】

★ ココナッツシュガー
（スーパーフード）

【特徴】ココナッツの花のみつを集めて煮詰めたもの。【味】ココナッツの実の風味はなく、ほどよいコク。【機能性】血糖値の上昇が穏やか。消化・吸収がゆっくりで比較的腹持ちがよい。カリウムやマグネシウムなどミネラルを含む。【H】

☆ みりん

【特徴】蒸したもち米と米こうじで発酵・熟成させる。本みりんともよばれる。【機能性】必須アミノ酸が多く、抗酸化効果もあり天然の甘み。【注意】醸造アルコールや甘味料、保存料が添加された「みりん風」とは別もの。【G】

★ ココナッツパウダー
（スーパーフード）

【特徴】ココナッツミルクをパウダー状にしたもの。缶詰などのココナッツミルクと比べて、少量使いたい時に便利。なお、固い殻に包まれた中心の胚乳はココナッツジュースとなり、ココナッツミルクとは別物。【M】

☆ 米あめ

【特徴】米のデンプンを糖化して作られる。液体状で、水あめよりもコクや風味がある。日本では古来、甘味料として利用されていた。【味】お米のほんのりとした甘さ。【機能性】滋養に富み消化がよいので、幼い子にもおすすめ。【G】

★ 甘酒
（スーパーフード）

【特徴】米こうじと米や酒粕が原料。豆みそ小さじ2＋しょうゆ小さじ1＋ゆずの絞り汁少々＋甘酒大さじ3を合わせれば料理のソースに。【機能性】成分が栄養剤としての点滴とほぼ同じで「飲む点滴」ともよばれる。【D】

★ デーツ
（スーパーフード）

【特徴】中近東でよく食べられているナツメヤシの果実。ドライフルーツとして売られている。【味】自然な甘みで粘りがあり、生地のつなぎや甘味料になる。【機能性】鉄分、カルシウム、カリウムなどのミネラルや食物繊維が豊富。【D】

果実ナッツ

★ 生はちみつ
（スーパーフード）

【特徴】加熱殺菌処理をしていないはちみつ。【機能性】加熱殺菌されたはちみつと比べて酵素やミネラルなどが多く、みつに含まれるグルコン酸はビフィズス菌を増やし、腸内環境を整える効果も。【注意】1歳未満の乳児には与えない。【K】

★ ココナッツウォーター
（スーパーフード）

【特徴】未成熟ココナッツの中にあるさらさらとした液体。【味】ほのかな甘み。【機能性】多くの電解質やミネラルが含まれ、浸透圧がヒトの体液とほぼ同じ。天然のスポーツドリンクとして、デトックス効果や疲労回復効果が期待できる。【O】

★ アサイー
（スーパーフード）

【特徴】ブラジル原産ヤシ科植物の果実。実は小さく中の種が大きいので食べられるところは少ない。パウダー状やピューレにして使用。【味】クセがない。【機能性】ポリフェノール、鉄分、食物繊維、カルシウムなど豊富で高栄養。【A】

★クコの実
（スーパーフード）

【特徴】中国原産のクコの果実で、枸杞子（くこし）という生薬になっている赤い実。【味】ほどよい甘みと酸味が効いている。【機能性】ビタミンC、ゼアキサンチン、β-カロテンなど豊富に含む。漢方的には滋養があるとされている。【D】

☆ピーカンナッツ

【特徴】クルミ科の種実「ペカン」。米国が産地で、脂質が多く「バターの木」とよばれる。【味】クルミと似ている。【機能性】ナッツ類でもっとも抗酸化物質を多く含むといわれる。ビタミンE、オレイン酸などが豊富。【B】

☆フラックスオイル
（亜麻仁油）

【特徴】亜麻仁は、不飽和脂肪酸のα-リノレン酸を豊富に含む穀物。【味】魚油と同じオメガ3系で、魚風味を感じる人も。【機能性】体内でEPA、DHAにも転換。【注意】酸化しやすいので開封後は早めに使い切る。熱に弱いので生食を。【G】

★松の実
（スーパーフード）

【特徴】松の種子の胚乳部分。【味】油分が多く、やわらかな歯ざわり。【機能性】漢方としての薬効もあり、身体を温めたり滋養強壮に。タンパク質量は大豆に匹敵し、マグネシウムや亜鉛が多い。【注意】油が酸化しやすく傷みやすい。【D】

★ココナッツクリーム
（スーパーフード）

【特徴】ヤシの実の固形胚乳から作られるココナッツミルクのうち、濃厚な固形部分。【機能性】カリウムを多く含むため、体内の余分な水分を出してデトックス効果あり。低カロリーでミネラル豊富、果肉には食物繊維が豊富。【H】

★ココナッツオイル
（スーパーフード）

【特徴】ヤシ油（パーム油でない）。低温で固形化するのでお菓子作りに便利。オリーブオイル以上に酸化しにくい。【味】かすかなココナッツ風味。【機能性】中鎖脂肪酸が多く体内で燃焼されやすい。トランス脂肪酸・コレステロールゼロ。【F】

★麻の実
（スーパーフード）

【特徴】大麻の実。食用として料理に使うことは違法ではないが、国内では栽培に許可がいる。七味唐辛子に含まれる。【機能性】良質のたん白質が肉や大豆より多く消化しやすい。鉄、亜鉛、マグネシウムなどは美容・健康をサポート。【D】

☆アルガンオイル
（スーパーフード）

【特徴】モロッコ南西部に生育する希少なアルガンの実から採取される。【機能性】現地先住民は皮膚の炎症や傷への治療薬として伝統的に利用。ビタミンEがオリーブオイルの3倍も多く含まれるなどアンチエイジング効果が期待される。【L】

☆なたね油

【特徴】オレイン酸が多く酸化しにくい。「なたねサラダ油」はさらっとする。【味】バターのようにコクがある。【注意】安価なものは遺伝子組換え原料だったり、化学薬品処理で風味がなくなったりしているため、良質のものを選んで。【D】

オイル

その他

★チアシード
（スーパーフード）

【特徴】メキシコ原産シソ科「チア」の種。水を含むと10倍に膨れてゼリー状に。【味】無味無臭。【機能性】オメガ3脂肪酸のα-リノレン酸が豊富。その他にも食物繊維や必須アミノ酸、カルシウムや鉄などミネラルも充実。【B】

★ローカカオバター
（スーパーフード）

【特徴】生カカオ豆からカカオパウダーを採る時に分離される、カカオの油母分。融点が32～35度なので、低温で調理できる。【味】チョコレートの濃厚な風味はこのカカオバターによるもの。ローチョコレート作りにもかかせない。【N】

☆ニュートリショナルイースト

【特徴】殺菌された糖みつで発酵させた植物性の酵母。からし色のパウダー状。【味】チーズのような風味で粉チーズのように振りかけて使える。【機能性】ビタミンB群が豊富で、肉や魚をあまり食べない人に不足するB_{12}を含む。【B】

★ローカカオニブ
（スーパーフード）

【特徴】生カカオ豆を砕いたもの。水などに溶けないので、生地に混ぜたりトッピングなどに。【味】甘みは少ないがそのまま食べられる。【機能性】ポリフェノールは緑茶の30倍あるほか、マグネシウムや鉄などのミネラルも豊富。【J】

★マカ
（スーパーフード）

【特徴】ペルーに植生。薬用ハーブとして根をパウダーにする。【味】ほのかな苦み。【機能性】滋養強壮の源として古くから重宝される。必須アミノ酸や鉄分、カルシウムなど豊富で、女性ホルモンのバランスを調整するといわれている。【A】

☆大豆ミート

【概要】大豆たん白を肉状に加工した大豆の乾物製品。ブロック、スライス、ミンチなどあり、お肉の食感。【注意】大豆のにおいが気になる場合は、戻した後に水を替えながら数回洗い、しっかり絞ってから下味をつける。【E】

★ローカカオパウダー
（スーパーフード）

【特徴】生カカオ豆を非加熱圧縮したもので、商品はパウダー状。ちなみにチョコレートの原料カカオマスは、カカオ豆の胚乳にロースト等処理したもの。【味】ローストしたものに比べて苦みが少ない。【機能性】ローカカオニブと同じ。【J】

☆葛

【特徴】マメ科つる性植物。根から葛粉や漢方が作られる。固まると（半）透明になる。ゼラチンや寒天とは違った、もちっとした食感になる。【機能性】生薬は葛根（かっこん）とよばれ、葛根湯の原料となる。消化によく身体を温める。【D】

☆テンペ

【概要】大豆にテンペ菌をつけて発酵させた発酵食品。インドネシアが発祥。下味をつけてソテーやから揚げに、あるいはそのままサラダにトッピングしてもおいしい。【味】納豆のようなにおいや粘りだが、クセがない。【D】

★スピルリナ
（スーパーフード）

【特徴】アフリカや中南米の湖に自生する微細藻類。【機能性】スーパーフードの王様。たん白質が60%以上、ビタミンではカロテンが多く、ミネラルでは鉄分が多い。その他50種類以上の栄養・健康成分を含む。【B】

★ブロッコリースプラウト
（スーパーフード）

【特徴】発芽から1週間ほど育った新芽で、酵素を多く含むといわれる。新鮮で手軽に食べられるのが魅力。【機能性】スルフォラファンという成分が豊富で、肝臓内での解毒酵素の働きを活性化し、がん予防の効果があるという研究発表もある。【I】

★ビーポーレン
（スーパーフード）

【特徴】「ポーレン」は花粉で、ミツバチが集めてくる花粉をとくにビーポーレンとよんでいる。【機能性】たん白質、ビタミン、ミネラル、いろいろな酵素をとてもバランスよく含む。免疫力を高め、抗酸化作用があり新陳代謝を促進。【K】

食材についての問い合わせ先

※価格は税抜き価格

【A】（株）アリエルトレーディング　TEL: 0120-201-790
〔アサイー〕Sunfood SUPERFOODS オーガニック アサイー パウダー 113g／4,800円
〔マカ〕Sunfood SUPERFOODS オーガニック マカ パウダー 227g／3,600円

【B】テングナチュラルフーズ／アリサン（有）TEL: 042-982-4811
〔ピーカンナッツ〕ペカンナッツ（生）100g／626円
〔チアシード〕チアシード200g　1,543円
〔ニュートリショナルイースト〕ニュートリショナルイースト200g／1,058円
〔スピルリナ〕スピルリナ・パウダー180g／4,011円

【C】（株）イデアプロモーション　TEL: 03-3402-5940
〔アガベシロップ〕有機アガベシロップ GOLD 330g／900円

【D】オーサワジャパン（株）TEL: 03-6701-5900
〔メープルシロップ〕オーサワの有機メープルシロップ250ml（330g）／1,090円
〔甘酒〕オーサワの有機玄米甘酒（なめらか）200g／340円
〔デーツ〕デーツ120g／400円　〔クコの実〕オーサワの有機クコの実40g／475円
〔松の実〕松の実（生）30g／338円　〔麻の実〕有機麻の実ナッツ180g／1,410円
〔なたね油〕オーサワなたね油330g／515円
〔葛〕オーサワの本葛（微粉末）100g／480円　〔テンペ〕テンペ（レトルト）100g／250円

【E】（株）かるなぁ　TEL: 052-804-0036
〔大豆ミート〕大豆まるごとミートミンチタイプ 130g／420円

【F】（株）ブラウンシュガーファースト　TEL: 0120-911-909
〔ココナッツオイル〕有機エキストラヴァージンココナッツオイル 500ml／1,600円

【G】（株）ミトク　TEL：0120-744-441
〔米あめ〕ミトク 米水飴 300g／580円
〔みりん〕有機本格仕込 三河みりん 500ml／1,040円
〔フラックスオイル（亜麻仁油）〕サボ フラックスオイル 230g／1,800円

【H】ムソー（株）品質管理室　TEL：06-6945-5800
〔てんさい糖〕ムソー てんさい含蜜糖500g／380円
〔ココナッツシュガー〕むそう オーガニックココヤシシュガー250g／900円
〔ココナッツクリーム〕むそう オーガニックココナッツクリーム400ml（470g）／400円

【I】（株）村上農園　TEL：0120-883-862
〔ブロッコリースプラウト〕ブロッコリースプラウト／1パック100円前後

【J】（有）ライフコレクション　TEL：0120-511-210
〔ローカカオパウダー〕ローカカオパウダー227g／2,190円
〔ローカカオニブ〕ローカカオニブ 227g／2,190円

【K】（株）ラベイユ　TEL: 03-3398-1775
〔生はちみつ〕シチリア産はちみつ（シチリアレモン）125g／1,600円（本体価格）
〔ビーポーレン〕みつばち花粉60g／1,000円（本体価格）

【L】日本緑茶センター（株）　TEL: 0120-821-561
〔アルガンオイル〕ZITARGANE エキストラヴァージン ピュアアルガンオイル100%（ノンロースト）92g／1900円

【M】リマの通販　TEL: 0120-328-515
〔ココナッツパウダー〕ココナッツパウダー120g／250円

【N】ローフード通販ショップロハス　TEL: 011-211-0839
〔ローカカオバター〕有機JAS認証Ultimate Super Foodsローカカオバター 454g／4,200円

【O】（株）むそう商事　TEL: 06-6316-6011
〔ココナッツウォーター〕オーガニックココナッツウォーター330ml／285円

Love Letter for you

miki

毎日の食事を作ってくれた母と祖母
あのころあたり前に思っていた食事
栄養価だけでなく
どれだけの愛が詰まっていたのか
今でもおいしい食事は
たくさんの想いとつながります。
今まで私を育て支えてくれた大切な人達
この本を作るために支えてくれたみなさま
この本を手にとってくれたあなたに
食事と想いが繋がりますように
心から感謝を込めて

平田 未来

プロフィール
美容業界の仕事を経て、身体を内側から美しくするための食に関心を持つ。アレルギーの子供達と出逢い、リビングフード、マクロビオティックを学び始める。日本リビングフード協会プロフェッショナル科卒業後、同協会でのアシスタント講師、レストラン調理の他、雑誌撮影やイベントなどにも携わる。さらにリマクッキングスクール師範科を卒業し、グレースフルスイーツスクール、クシマクロビオティックアカデミー（現ビオクラ）、米粉ハウスなどでアレルギー食を学ぶ。みんなを笑顔にできるおいしくてかわいい料理だけでなく、絵本や言葉の持つ力を勉強中。

STAFF
デザイン／山内卓也
撮影・スタイリング／平田未来

SPECIAL THANKS
MOKO,LEO

2015年5月15日 初版発行

発行人　川辺政雄

著者　平田未来

発行所　株式会社 日本出版制作センター
　　　　〒101-0051
　　　　東京都千代田区神田神保町2-5北沢ビル
　　　　電　話：03-3234-6901
　　　　ＦＡＸ：03-5210-7718

印刷所　株式会社ＧＤＣ

乱丁本・落丁本は、お取り替えいたします。
ISBN978-4-902769-20-3　C0077